Robert L. Short
Gute Nachricht, Charlie Brown

Robert L. Short

Gute Nachricht, Charlie Brown

Die PEANUTS – oder:
Was kann man heute noch glauben?

BRUNNEN VERLAG GIESSEN/BASEL

ABCteam-Bücher erscheinen in folgenden Verlagen:
Aussaat Verlag Neukirchen-Vluyn
R. Brockhaus Verlag Wuppertal
Brunnen Verlag Gießen und Basel
Christliches Verlagshaus Stuttgart
(und Evangelischer Missionsverlag)
Oncken Verlag Wuppertal und Kassel

Titel der amerikanischen Originalausgabe:
»Short Meditations on the Bible and Peanuts«
© 1990 by Robert Short
© Cartoons by United Features Syndicate, Inc.
Die amerikanische Ausgabe erschien erstmals 1990
bei Westminster/John Knox Press
Louisville, Kentucky

Aus dem Amerikanischen übersetzt von Christian Rendel

Die Deutsche Bibliothek – CIP-Einheitsaufnahme

Short, Robert L.:
Gute Nachricht, Charlie Brown : die Peanuts – oder was kann
man heute noch glauben / Robert L. Short. [Aus dem
Amerikan. übers. von Christian Rendel] – Giessen ; Basel :
Brunnen-Verl., 1993
ISBN 3-7655-1554-X

© der deutschen Ausgabe:
1993 Brunnen Verlag Gießen
Umschlaggestaltung: Eva Joneleit
Satz: Typostudio Rücker & Schmidt, Langgöns
Herstellung: Ebner Ulm
ISBN 3-7655-1554-X

Mit Liebe
für meinen eigenen
kleinen Haufen Peanuts –
Sarah, Becky und Chris!

Inhalt

Vor dem Essen das Dankgebet – vor dem Lesen die Dankbarkeit!

Ich schulde meiner Familie großen Dank dafür, daß sie es sogar während meiner Arbeit an diesem Buch nicht aufgegeben hat, mit mir zusammenzuleben! Man hat mir gesagt, wenn die Schreiblust mich packt, werde ich unnahbar, verträumt und geistesabwesend, und es sei dann äußerst schwierig, mit mir auszukommen oder zu mir durchzudringen. Mehr noch als sonst, soll das heißen.

»Verlier dich doch nicht so in deinen Gedanken«, beschwerte sich einmal eine Ehefrau bei ihrem Mann. Meine Frau kann das nachfühlen. Dennoch bin ich die ganze Zeit über von Liebe umgeben und getragen gewesen. In dieser Hinsicht ist bestimmt niemand gesegneter als ich.

Außerdem ist da meine gute Freundin Ethelyn Bond, die im Laufe der Jahre besser als ich selbst gelernt hat, meine unleserliche Handschrift zu entziffern. Ich glaube, man nennt das »automatisches Lesen«.

Und schließlich ist da Charles »Sparky« Schulz. Wer könnte sich einen besseren Freund wünschen, als er es in all den Jahren gewesen ist? Und nicht nur das, sondern er läßt mich immer noch *seine* Arbeiten benutzen, um *meine* Gedanken zu verbreiten. Das nenne ich Freundschaft, und ich bin dafür sehr dankbar.

R.L.S.

Was ist das Beste, das ich für mich und andere tun kann? Ich mache mich mit der Bibel vertraut!

»Jesus antwortete ihnen: Ihr kennt weder das Wort Gottes noch Gottes Macht! Ihr irrt euch.«   Matthäus 22,29

Die Diskussion, in der Jesus dies den Sadduzäern vorwarf, drehte sich nicht um Kleinigkeiten. Da ging es um einige wirklich große Fragen.

Das sind die einzigen Fragen, an denen Jesus und die Bibel interessiert sind – die wirklich großen Fragen. Sie reden über die letzten Dinge, nicht über die vorletzten. Der Autor des Buches der Offenbarung spricht über die »vier Ecken der Erde« (Offenbarung 7,1; 20,8). War Johannes also der Meinung, daß die Erde die gleiche Form hätte wie diese Buchseite, flach und viereckig? Vielleicht. Vielleicht auch nicht. Offenbar machte er sich um diese Frage nicht allzu viele Gedanken, sonst hätte er etwas davon erwähnt.

Nein, Johannes interessierte sich nicht für die physische Beschaffenheit der Welt, sondern für den *geistlichen* Zustand, in dem die Welt sich befand. Wir stellen die falschen Fragen an die Bibel, wenn wir uns mit unseren *kleinen* Fragen an sie wenden. Ihr Ziel ist es, die Fragen zu beantworten, die uns wirklich am meisten zu schaffen machen und mit denen wir am schwersten fertig werden.

Keiner von uns kann diesen großen Fragen entkommen, genauso wenig wie wir Woodstocks riesiges Fragezeichen übersehen können. Diese Fragen sind für uns genauso wie das Fragezeichen für Woodstock: größer als wir selbst. Sie sind uns zu hoch. Trotzdem sind die meisten von uns gezwungen, sich wenigstens ein paar vorläufige Antworten auf diese großen, endgültigen Fragen einfallen zu lassen. Aber wenn unsere Antworten nun falsch sind? Dann würden wir ja unser ganzes Leben auf etwas gründen, das gar nicht stimmt. Wir würden auf eine lange Reise gehen, aber das falsche Schiff nehmen. Und die anderen um uns her würden wir ständig mit falschen Informationen versorgen.

Als Snoopy einmal ein Buch über Theologie zu schreiben versucht, fällt ihm der ideale Titel dafür ein: »Ist dir je in den Sinn gekommen, du könntest dich irren?«

Gute Frage. Es ist die erste Frage aller guten Theologie. »Wie können wir Richtig und Falsch unterscheiden?«

»Wie können wir die Wahrheit erkennen?« Oder: »*Können* wir die Wahrheit überhaupt erkennen?« Es ist übrigens auffällig, daß Jesus nicht sagte: »Meiner unmaßgeblichen Meinung nach könnte es sein, daß du nicht ganz recht hast«, oder: »Vielleicht sollten wir alle darüber noch ein wenig mehr nachdenken?«

Nein, er sagte: »Ihr irrt euch!«

Man irrt sich immer dann, wenn man nicht genug *weiß*: »Ihr kennt weder das Wort Gottes noch Gottes Macht.«

Für Jesus waren dies offenbar die beiden Quellen, an denen die Antworten auf die wirklich *großen* Fragen des Lebens zu finden sind. Wenn er damit recht hat und wir uns nicht irren wollen, dann liegt es auf der Hand, was das Beste ist, das wir für uns selbst tun können: *Uns mit der Bibel vertraut machen!*

Sollten wir uns nicht ebenso mit Gottes Macht vertraut machen? Ja. Aber das können wir nicht für uns selbst tun. Wenn es so wäre, würden ja wir über die Macht Gottes herrschen statt umgekehrt. Es wäre nicht Gottes Macht, sondern unsere.

Wie kann ich meiner Gemeinde am besten helfen? Ich mache mich mit der Bibel vertraut!

»Aber die hier aufgezeichneten Berichte werden geschrieben, damit ihr glaubt, daß Jesus Christus der Sohn Gottes ist, und ihr durch den Glauben an ihn das ewige Leben habt.«

Johannes 20,31

Der amerikanische Theologe James D. Smart schrieb zu seiner Zeit eine Menge hervorragender Bücher. Eines seiner letzten war gleichzeitig mit das beste. Es heißt *The Strange Silence of the Bible in the Church* – Das merkwürdige Schweigen der Bibel in der Gemeinde. Der Titel allein spricht schon Bände, und das Buch ist eine Art Warnsignal an die Kirchen und Gemeinden. »Ich bin überzeugt«, schrieb er, »daß die zunehmende Unkenntnis der Inhalte der Bibel unter den Gemeindegliedern ... *die* Krise hinter all den anderen Krisen darstellt, die die Zukunft der Kirche gefährden.«[1] Aber was meint Smart wohl mit unserer »zunehmenden Unkenntnis der Inhalte der Bibel«? Gewiß würde kein Mitglied einer christlichen Gemeinde, das etwas auf sich hält, zu solcher Unwissenheit herabsinken wie Sally Brown in dem folgenden Cartoon. Aber sicher kann man sich da heute nicht mehr sein.

Was die Gemeinden zu tun haben, läßt sich im Grunde mit wenigen Worten sagen: Als Folge ihres Redens von Christus sollen alle Menschen »das Leben« haben »und dies in Überfluß« (Johannes 10,10); die Menschen sollen glauben, »daß Jesus der Sohn Gottes ist und ihr durch den Glauben an ihn das ewige Leben habt« (Johannes 20,31). Aber wenn das wirklich der Auftrag ist, den Christus seinen Anhängern gegeben hat, dann hat Luzie wohl recht, wenn sie meint, daß da irgend jemand seiner Verantwortung nicht nachkommt.

Noch einmal, die Aufgabe der Gemeinden ist es, in alle Welt zu gehen und die gute Nachricht bekannt zu machen – das Evangelium, das ihnen anvertraut wurde. Aber zwischen den Gemeinden und der Welt gibt es einen entscheidenden Schritt, der niemals versäumt werden darf, sonst kommen wir alle in Schwierigkeiten. Unser Vers aus dem Johannesevangelium weist auf diesen Schritt hin: »Aber die hier aufgezeichneten Berichte wurden geschrieben, damit ihr glaubt, daß Jesus Christus der Sohn Gottes ist, und ihr durch den Glauben an ihn das ewige Leben habt.«

Die Berichte wurden aufgeschrieben …! Das heißt, alles, was die Gemeinden über ihr Evangelium und über Jesus Christus wissen, wissen sie nur deshalb, weil die biblischen Autoren es aufgeschrieben haben. Wer also die Bibel nicht kennt, kann im Grunde auch Jesus, den Messias, nicht kennen. So einfach ist das: Wenn die Erinnerung an das biblische Zeugnis verblaßt, wird auch der Glaube an Christus verblassen. Oder, wie Smart es ausgedrückt hat:

»Die Offenbarung Gottes ... ist nicht mit einem Buch gleichzusetzen, sondern dieses Buch ist das Medium, durch das sie uns erreicht, und wenn dieses Buch von den Christen nicht mehr gelesen und verstanden wird, dann sind sie ganz und gar von den Wurzeln ihrer spezifisch christlichen Existenz abgeschnitten.«[2]

Was ist also das Beste, was ich persönlich für meine Gemeinde tun kann? Ich mache mich mit der Bibel vertraut! Denn »*Irgend jemand tut da seine Pflicht nicht!!!*«

Und ich glaube, es liegt auf der Hand, wer dieser Jemand ist und was seine Pflicht sein sollte. Wir sind dem Feind begegnet, wie Walt Kellys Pogo sagte, und der Feind sind wir selbst. Wenn wir also eines Tages wieder anfangen, unsere Pflicht zu tun, wird Luzie vielleicht nicht mehr so unglücklich aufschreien müssen, und vielleicht können wir uns sogar auf die Veröffentlichung eines viel hoffnungsvolleren Buches mit dem Titel »Die laute, klare Stimme der Bibel in der Gemeinde« freuen. Wenn es soweit ist, wird nicht nur Luzie viel glücklicher, sondern auch die Gemeinden werden unendlich viel stärker sein. Denn sie werden ihre Pflicht tun.

Wie sichere ich mir eine gute Bildung?
Ich mache mich mit der Bibel vertraut!

> *»Noch ein anderes Beispiel erzählte ihnen Jesus: Man kann das Reich Gottes auch mit einem Sauerteig vergleichen, den eine Frau zum Brotbacken braucht. Sie nimmt eine große Menge Mehl und mischt ein wenig Sauerteig darunter, bis alles davon durchsäuert ist.«*
>
> Matthäus 13,31a.33
>
> *»Ein wenig Sauerteig durchsäuert den ganzen Teig.«*
>
> Galater 5,9

Genau das ist in unserer sogenannten westlichen Zivilisation passiert. Das bißchen Sauerteig der Bibel und ihrer Botschaft ist an bestimmten Stellen in die Welt eingepflanzt worden, bis der ganze Teigklumpen aufging und sich in eine Zivilisation verwandelte, die oft als das christliche Abendland bezeichnet wurde. Bisweilen waren in dieser Zivilisation freilich äußerst lästige Leerräume zu finden, aber sie ist immer noch eine erkennbare Einheit – ein Teigklumpen. Und immer war der kleinste gemeinsame Nenner, der Klebstoff, der alles zusammenhielt, der Sauerteig, der alles aufgehen ließ, die Bibel.

Die Bibel war und ist die Basis für die Grundbausteine der westlichen Zivilisation. Deshalb ist folgendes wahr: Wenn ich in dieser Zivilisation lebe und mich nicht einigermaßen in der Bibel auskenne, dann bin ich im Grunde ungebildet. Ich mag viele Dinge wissen, aber ich habe nicht die leiseste Ahnung, wo all diese Dinge herkommen, was sie zu bedeuten haben, wie sie miteinander zusammenhängen, wozu sie gut sind und was es mit ihnen ganz allgemein auf sich hat. Ich lebe in diesem Teigklumpen, ohne die leiseste Vorstellung zu haben, ob dieser Klumpen aus Teig besteht oder ein bösartiger Tumor ist. Ich mag fünf verschiedene Doktortitel haben, aber wenn ich die Bibel nicht kenne, bin ich trotzdem ein ungebildeter Tropf. Ich bin ein Barbar, der versucht, in der Zivilisation zu leben.

Heute ist viel die Rede von der Notwendigkeit »kultureller Belesenheit«. Es gibt sogar ein vielgelesenes Buch, das so heißt; der Untertitel lautet: »Was jeder Amerikaner wissen muß«.[3] Nun, solange wir diesen Text, der uns zu dem gemacht hat, was wir sind, nicht kennen, sind wir in ganz grundlegender Hinsicht kulturelle Analphabeten. Und was ist das Ergebnis? Manchmal kann es höchst amüsant sein, etwa so:

So erheiternd sind die Folgen des biblischen Analphabetentums (wenn man die Inhalte der Bibel schlicht nicht kennt, unabhängig davon, ob man an sie glaubt) leider nicht oft. Der Literaturkritiker George Steiner meint dazu:

»Wie jeder Lehrer an einer Schule oder Universität bestätigen wird, stoßen Anspielungen selbst auf die berühmtesten biblischen Texte heutzutage nur noch auf verständnislose Gesichter. Man ist in der Tat versucht, den Modernismus in der westlichen Kultur zu definieren als das Verschwinden des Alten und Neuen Testaments aus der Allgemeinbildung. Doch diese Kenntnis war vom sechzehnten Jahrhundert an, besonders in der angelsächsischen Welt und überall im Bereich lutherischer Bekenntnisse, das Mark jeder Belesenheit, der gemeinsame Bereich allen Intellekts und aller Empfindung. Die King-James-Bibel und die Luther-Bibel lieferten einem Großteil unserer Zivilisation ihr Alphabet und ihre unmittelbaren Bezugspunkte, nicht nur in den Bereichen der persönlichen und öffentlichen Frömmigkeit, sondern auch in der Politik, den gesellschaftlichen Institutionen und im Leben der literarischen und ästhetischen Imagination. Dieses Alphabet verbindet die Dichtung Miltons mit der Prosa Abraham Lincolns; es schafft eine Verwandtschaft zwischen den messianischen Traktaten Trotzkijs, der Politik des Geistes bei Carlyle und Ruskin und der Grammatik der Prophetie bei Emerson. ...

In (sprachlicher) Hinsicht hat die Verarmung drastische Ausmaße angenommen. Doch im wesentlichen ist die Stoßrichtung politisch und gesellschaftlich. In englischsprachigen Ländern und Gesellschaften stellte eine gewisse Kenntnis der Bibel – wurzelnd im Elternhaus, in der Sonntagsschule, in der Predigt, in der allgemeinen Vertrautheit – ein Band zwischen Klassen, ethnischen Gruppen und Angehörigen wie Nichtangehörigen formaler religiöser Denominationen dar. Dieses gemeinsame Erbe unterstrich die Urbilder der Gerechtigkeit, des gemeinschaftlichen Schicksals, der Verantwortung für die gegenseitige Fürsorge, die die Wurzel der

Demokratie bilden. ... Das Verschwinden der biblischen Aussagen aus dem alltäglichen Austausch von Gedanken und Vorstellungen, von Warnungen und Verheißungen in unserem politischen Gerüst des Westens bringt einen wahren Zusammenbruch der Solidarität, der Einigkeit bei aller unterschiedlichen Sichtweise mit sich. Der Riß durch unsere Kommunikation entspricht genau dem von Babel.«[4]

Oder, um das Ganze etwas kürzer auszudrücken: Wenn wir die Bibel nicht kennen, dann landen wir wieder in Babel, und unsere nächste Produktion, »Die Eule und der gestiefelte Kater«, wird zweifellos noch mehr durcheinander geraten als die letzte. In einem Cartoon mag das sehr lustig sein, aber sonst ist es eine regelrechte Katastrophe.

Wie kann ich meinem Land, unserer Gesellschaft, unserer Kultur und unserer Welt am besten helfen? Ich mache mich und andere mit der Bibel vertraut!

»Hört also auf, voller Sorgen zu denken: ›Werden wir genug zu essen haben? Und was werden wir trinken? Was sollen wir anziehen?‹ Wollt ihr denn leben wie die Menschen, die Gott nicht kennen und sich nur mit diesen Dingen beschäftigen? Euer Vater im Himmel weiß ganz genau, daß ihr das alles braucht. Gebt nur Gott und seiner Sache den ersten Platz in eurem Leben, so wird er euch auch alles geben, was ihr nötig habt.«   Matthäus 6,31-33

Es ist kein Zufall, daß die Bibel in der ganzen Welt eine so erstaunlich durchsäuernde Kraft entwickelt hat. Jesus gab seinen Anhängern den Auftrag: »Die Heilsbotschaft vom Reich Gottes wird in der ganzen Welt verkündet werden, damit alle Völker sie hören« (Matthäus 24,14).

»Geht hinaus in die ganze Welt und ruft alle Menschen in meine Nachfolge. Tauft sie und führt sie hinein in die Gemeinschaft mit dem Vater, dem Sohn und dem Heiligen Geist. Lehrt sie, so zu leben, wie ich es euch aufgetragen habe. Ihr dürft sicher sein: Ich bin immer und überall bei euch, bis an das Ende dieser Welt!«   Matthäus 28,19.20

Das bedeutete, daß auch die Bibel immer bei den Anhängern Jesu sein würde, denn die Bibel würde – nachdem die ursprünglichen Augenzeugen nicht mehr zugegen waren – die einzige Aufzeichnung sein, die von den Zeugen zur Verfügung stand, die dem Ereignis selbst, dem Wirken Jesu am nächsten gewesen waren. Das

Alte Testament enthält die Berichte der Menschen, die auf das Kommen Jesu vorausblickten; das Neue Testament ist das kleine Bündel von Berichten aus erster Hand über die Zeit, die er bei uns verbrachte.

Die Bibel enthält also das Evangelium, und Evangelium heißt »gute Neuigkeit«. Es ist eine Neuigkeit, weil es Informationen enthält, die die Welt ohne Jesus nicht kennen würde. »Niemand außer dem Vater weiß, wer der Sohn ist. Und wer der Vater ist, weiß nur der Sohn und der, dem er es zeigen will«, sagte Jesus, der Sohn (Lukas 10,22). Und der Inhalt des Evangeliums macht es zu einer guten Neuigkeit. Gut ist es aber auch deshalb, weil die Welt sich gewaltig zum Besseren verändert, wann immer diese gute Neuigkeit gehört, verstanden und geglaubt wird.

Mit anderen Worten, das Evangelium berichtet uns nicht nur von etwas sehr Gutem, das in den Anhängern Jesu immer noch vorhanden ist und in Zukunft für alle Menschen sogar noch bessere Auswirkungen haben wird, sondern es verändert auch jetzt, hier und heute, die Welt zum Besseren.

Wie bringt es das fertig? Wie verbessert das Evangelium die Welt? Wie geht es zu, daß »gut informierte Laien die Grundlage einer gesunden Gesellschaft bilden«, wie Luzie es einmal ausdrückte?

Nun, wenn man Vater von drei Kindern ist, kann man manchmal geradezu den Eindruck gewinnen, daß die ganze Welt von Erdnußbutter-Sandwiches zusammengehalten wird (»zusammengeklebt« wäre vielleicht ein passenderes Wort). Aber in meinen helleren Momenten ist mir klar, daß da etwas viel Tiefgehenderes am Werk sein muß.

Ich stimme beinahe Wort für Wort mit Marcie überein, aber ich möchte ihre Gedanken gern noch ein wenig weiter ausführen.

Der christliche Glaube motiviert uns tatsächlich zu harter Arbeit, zu kräftigen Bemühungen, zu unseren besten Anstrengungen. Wenn er das nicht tut, dann ist es kein echter christlicher Glaube. Denn der christliche Glaube besteht im Grunde darin, vor allem anderen Gottes Gebot zu erfüllen. Und Gottes Gebot lautet einfach: die Liebe Gottes bekannt zu machen, die uns in Christus begegnet.

Glauben haben heißt also, in Sachen Liebe hart an der Arbeit zu sein. Das ist der Grund, warum der christliche Glaube die Leute gleichzeitig gut und zu Kämpfern für das Gute macht. Christen wollen selbst gut sein, weil sie auf diese Weise etwas von Gottes Güte und Liebe widerzuspiegeln hoffen. Aber außerdem wollen sie »gute« Regierungen, »gute« Gesellschaften und eine »gute« Welt für alle anderen Menschen sehen – denn wenn diese Regierungen, diese Gesellschaften und diese Welt wirklich gut sind, werden sie bei den Menschen das Beste zum Vorschein bringen.

Des weiteren macht der christliche Glaube die Menschen frei und zu Kämpfern für die Freiheit. Der christliche Glaube befreit Menschen von der elenden Last, falschen Göttern zu dienen, als Sklaven irgendeines anderen Gottes, irgendeiner anderen »ersten Liebe« zu leben, die sich am Ende nur als grausame Sklaventreiber erweisen werden. So werden Christen frei von der Angst, der Hölle, die durch Götzendienst entsteht. Aber sie wissen auch, daß sie diese *emotionale* Freiheit nur gewinnen konnten, weil sie die Freiheit hatten, selbst zu entscheiden, welchem Gott sie dienen wollen. Wenn ein anderer oder eine Gruppe mir diese Entscheidung aufzwingt, wie kann es dann wirklich *mein* Glaube sein? Und überhaupt, was für eine gute Neuigkeit, was für ein »Evangelium« wäre das, die es nötig hätten, einem Menschen aufgezwungen zu werden?

Deswegen bemüht sich der christliche Glaube stets um die größtmögliche *religiöse* und *politische* Freiheit, denn nur in einem solchen Kontext kann die Freiheit des einzelnen zur Entscheidung für Christus am besten gewahrt werden. In solcher Freiheit kann echter Glaube am besten entstehen und wachsen.

Weiterhin macht der christliche Glaube mutig und zu Kämpfern für glaubensvollen Mut. Wenn wir ein tiefes Vertrauen zu Gott haben, was für einen Grund könnten wir dann haben, vor irgend etwas tiefe Angst zu empfinden? Darum ist »wirkliche Liebe frei von Angst. Ja, die Liebe vertreibt sogar die Angst« (1. Johannes 4,18). Und so ist der christliche Glaube der eingeschworene Feind von so furchtsamen Gedanken, daß der Tod endgültig und das Leben sinnlos sei und daß die Sünde und das Böse am Ende triumphieren werden.

Der Glaube streitet auch gegen alle falschen Götter, allen Aberglaube, alle Kobolde, Dämonen und nächtlichen Schrecken. Seit dem Kommen Christi, so glauben die Christen, findet sich das Göttliche, das Übernatürliche nur hier – bei Christus – und nirgendwo sonst. Auf diese Weise gewannen die Menschen die Freiheit, die Welt und das »vollkommen Natürliche« zu erforschen und zu nutzen, ohne fürchten zu müssen, an jeder Ecke irgendwelchen übernatürlichen Fußangeln zu begegnen.

Außerdem gab Christus den Leuten einen guten Grund, die Welt zu erforschen und zu nutzen: Sie würden es für ihn tun.

Kommen wir noch einmal auf Marcies Antwort auf die Frage »Was hat dieses Land groß gemacht?« zurück. Ich bin ganz ihrer Meinung, daß der »Glaube« zuerst kommt – für »dieses Land« wie für jedes andere. Und aus dem Glauben fließen Mut und harte Arbeit. Aber ich würde hinzufügen, daß auch das Gute und die Freiheit aus dem Glauben hervorspringen. Wenn Menschen ihre Gedanken vor allem anderen auf Gottes Reich und seine Gerechtigkeit ausrichten, dann werden, glaube ich, all diese anderen Dinge dazukommen, sogar – letzten Endes – größere und bessere Erdnußbutter-Sandwiches. Genau aus diesem Grund kann ich meinem Land, meiner Gesellschaft, meiner Kultur und meiner Welt nicht besser helfen als dadurch, daß ich dich und andere mit der Bibel gut vertraut mache.

Es sind Robert Shorts spezielle Meditationen

»Jesus ... fragte ... seine Jünger: Für wen halten die Leute mich eigentlich? Sie erwiderten: Manche halten dich für Johannes den Täufer, andere für Elia, für Jeremia oder einen anderen Propheten. ›Und für wen haltet ihr mich?‹ fragte er sie. Darauf antwortete Petrus: ›Du bist Christus, der von Gott verheißene Retter!‹«

Matthäus 16,13–16

»Seid immer dazu bereit, denen Rede und Antwort zu stehen, die euch nach der Begründung eures Glaubens fragen.«

1. Petrus 3,15

Niemand kann sagen, er *wüßte* ganz genau, was die Bibel alles aussagt, genauso wenig, wie jemand behaupten kann, er *wüßte,* was in meinem Kopf vor sich geht. Das weiß ich manchmal selbst nicht so genau. Wenn irgend jemand – sei es ein brillanter Gelehrter, ein erlauchter Kirchenfürst oder ein entrückter Mystiker – behaupten würde, zu wissen, was die Bibel sagen will, dann wäre das nicht gerade ein bescheidener Anspruch, sondern es käme gefährlich nahe daran, Gott spielen zu wollen.

Darum glaube ich, Snoopy hat recht, wenn er zu Charlie Brown sagt, daß er nicht weiß, was Prediger 9,4 bedeutet. Spricht der Autor, der »Prediger«, im buchstäblichen oder im metaphorischen Sinn? Es muß wohl im metaphorischen Sinn gemeint sein, denn woher sollte der Prediger, der keines von beiden je gewesen ist, wissen, ob es besser ist, ein lebendiger Hund zu sein oder ein toter Löwe?

Aber wenn es metaphorisch ist, was bedeuten dann diese Metaphern? Was können wir tun, wenn wir vor der Frage stehen, was die Bibel an einer bestimmten Stelle sagen will, und keine Möglichkeit haben, uns objektive Gewißheit zu verschaffen?

Nun, wer hätte das gedacht? Die Bibel empfiehlt uns, selbst nachzudenken. Tief. Ernsthaft. Wir sollen, wenn nötig, sogar »meditieren«. Jesus ist nicht zufrieden, als die Jünger ihm nur sagen, für wen ihn die anderen Leute halten. Er will wissen, was *sie selbst* meinen: »Für wen haltet ihr mich?«

»Was denkt ihr?« fragt Jesus noch bei vielen anderen Gelegenheiten (zum Beispiel in Matthäus 17,25; 18,12; 21,28; 22,42). »Überlegt selbst«, sagte Paulus gern (1. Korinther 10,15; 11,13). »Laß die Schrift zu *dir* reden«, hat man Charles Schulz des öfteren sagen hören.[5]

Die Bibel schickt also die Frage nach ihrer Bedeutung, ihrer Aussage, postwendend an uns zurück. Eigentlich können nicht wir sie beurteilen, sondern sie beurteilt uns. Uns bleibt also nichts anderes übrig, als sorgfältig zuzuhören, abzuwägen, zu betrachten, zu meditieren, nachzudenken. Wir können die gelehrtesten Bücher und höchsten Autoritäten, die zur Verfügung stehen, als Hilfe zum Nachdenken heranziehen, aber am Ende steht die Frage an uns, was *wir* glauben, wie *wir* reagieren, was die Bibel zu *uns* sagt. Wir sollen »stets bereit« sein, »Rede und Antwort zu stehen« über die Hoffnung, die in uns ist.

»Keine Ahnung«, sagt Snoopy auf die Frage nach Prediger 9,4, »aber mir gefällt's«, ich stimme damit überein! Und das, scheint mir, ist genau die Reaktion, zu der uns die Bibel immer auffordert: Es geht nicht so sehr um die objektive Bedeutung, sondern um die subjektive Bedeutung – die Bedeutung, die wir darin sehen.

Diese Meditationen über die Bibel sind also Shorts Meditationen. Ich beanspruche nicht, irgend etwas zu wissen oder für irgendeinen anderen Menschen sprechen zu können. Ich darf auch nicht behaupten, zu wissen, was die Bedeutung hinter Charles Schulz' Cartoons ist. Manche davon bedeuten vielleicht gar nichts, sondern sollen nur dem alleinigen Zweck dienen, uns zum Lachen zu bringen.

Charles Schulz und ich sind seit langem gute Freunde, aber es würde mir nie einfallen, ihm entlocken zu wollen, was er mit einem bestimmten Cartoon »gemeint« habe. Denn die Bibel, die

Kunst und die Menschen (einschließlich Jesus) fordern uns alle-samt dazu heraus, in ein *persönliches* Verhältnis zu ihnen zu treten ... und zwar »bescheiden und ehrfürchtig«.

Die Bibel und die Peanuts

»Jesus benutzte immer wieder solche Beispiele, wenn er zu den Menschen sprach. In keiner seiner Predigten fehlten sie.«
Matthäus 13,34

Schon seit der Frühzeit der Kirche gibt es so etwas wie eine »durch Bilder unterstützte Meditation«.[6] Warum braucht man zum Medi-tieren Unterstützung durch Bilder? Aus demselben Grund, aus dem Jesus Gleichnisse verwendete. Ob wir nun, wie bei den Gleichnissen Jesu, sprachliche Bilder meinen oder visuelle Bilder, die man tatsächlich mit Augen sehen kann – die meisten Leute brauchen etwas konkret Vorstellbares, um sich auf ein Thema zu konzentrieren. Ohne Bilder kann es sehr schwer sein, sich etwas vorzustellen oder auch nur für nennenswerte Zeit die Augen offen-zuhalten. Deshalb schließen sich unsere Augen, wenn die Bilder der äußeren Welt uns zu langweilen beginnen, und wir genießen die wilden und verrückten Bilder in unseren Köpfen. Der Psalmist kann sagen (Psalm 77,4):

Wenn ich an Gott denke, fange ich an zu seufzen; grüble ich über meine Lage nach, so verliere ich allen Mut.

Was meint der Psalmist mit »Mut verlieren«? Vielleicht kann Linus uns hier weiterhelfen.

ICH TAUGE NICHT ZUM MEDITIEREN... ICH SCHLAFE IMMER EIN!

Darum benutze ich immer gerne richtige, sichtbare Bilder, wenn ich schreibe oder vor einer Gruppe von Leuten spreche. Wenn man den Leuten etwas zu *sehen* gibt, scheint das ihr Interesse, ihr Verständnis und ihre Aufmerksamkeitsspanne zu erhöhen.

Manche Leute halten diese Technik für neu. Aber sie ist alles andere als neu. Jesus hat das Visuelle nicht nur für seine Gleichnisse genutzt, sondern auch immer wieder in seinem Handeln. Und indem er dramatisch und anschaulich handelte und erzählte um zu lehren, bediente sich Jesus auch nur einer Technik, die es schon lange gab, wie Charles Schulz uns erinnert:

»Die Menschen«, sagte Martin Luther sinngemäß, »sind leichter mit Vergleichen und Beispielen zu fesseln als mit schwierigen und spitzfindigen Erörterungen. Sie schauen sich lieber ein gut gemaltes Bild an, als daß sie ein gut geschriebenes Buch lesen.«[7]

Und so machte auch die Reformation reichlich Gebrauch von der grafischen Kommunikation. Cartoons waren in der frühen protestantischen Literatur besonders beliebt.[8] Luther selbst war ein absoluter Meister in seinem Gebrauch von Bildern – sowohl sprachlichen als auch visuellen, manchmal kräftig, manchmal bezaubernd und schön. Und ich gehe jede Wette ein, daß Luther die *Peanuts* geliebt hätte.

Der große Martin Luther soll sich auf das Niveau von Cartoons und Humor herablassen? Nun, er hat sich darüber mehrfach geäußert, zum Beispiel so:

»Denn wir sehen, daß die Kinder und jungen Leute mit Fabeln und Märlein leichtlich bewegt werden. Und würden also mit Lust und Liebe zur Kunst und Weisheit geführt, welche Lust und Liebe desto größer wird, wenn ein Aesopus oder dergleichen Larve oder Fastnachtskleid vorgestellt wird, der solche Kunst ausrede oder vorbringe, auf daß sie desto mehr drauf merken und sie gleich mit Lachen annehmen und behalten. Nicht allein aber die Kinder, sondern auch die großen Fürsten und Herren kann man nicht besser betrügen zur Wahrheit und zu ihrem Nutz, als daß man die Narren ihnen lasse die Wahrheit sagen; dieselbigen können sie leiden und hören. Sonst wollen oder können sie von keinem Weisen die Wahrheit leiden. Ja, alle Welt hasset die Wahrheit, wenn sie einen trifft. Darum haben solche hochweisen Leute die Fabeln erdichtet und lassen ein Tier mit dem andern reden, als wollten sie sagen: Wohlan, es will niemand die Wahrheit hören noch leiden, und man kann doch der Wahrheit nicht entbehren. So wollen wir sie schmücken und unter einer lustigen Lügenfarbe und lieblichen Fabeln verkleiden, und weil man sie nicht will hören durch Menschenmund, daß man sie doch höre durch Tier- und Bestienmund.«[9]

Die Bibel und die Peanuts passen hervorragend zusammen. Wie wir bereits gesehen haben, macht Charles Schulz in seiner Arbeit gerne Gebrauch von der Bibel. Soviel ich weiß, war er der erste, der sogar wörtliche Bibelzitate in einem Cartoon verwendete. Und Schulz kennt die Bibel sehr gut – so gut wie nur irgendein Laie, den ich kenne, und besser als so mancher Pastor. Sein Arbeitszimmer könnte auch das Arbeitszimmer eines Pastors sein, so viele Bibelkommentare stehen auf den Regalen. So ist es keine Überraschung, wenn wir mit den Peanuts auch immer eine kräftige Dosis Bibel mitgeliefert bekommen, sowohl in den Zeilen als auch dazwischen.

Außerdem bietet sich die Formel, die Schulz mit den Peanuts ausgewählt hat, für Bezüge zur Bibel geradezu an: Er konzentriert sich auf die grundlegenden Dinge im Leben und läßt nur Kinder und Tiere auftreten (die Jesus oftmals als Bilder für das Reich Gottes anführt) – und dann ist da natürlich auch die ganze Dimension des Humors. Denn wie wir bald sehen werden, bestehen zwischen Hoffnung und Humor, Glaube und Gelächter, Christentum und Komik starke und bedeutende Familienbande.

Zudem haben wir es mit dem bescheidenen Medium eines Cartoons zu tun. Das Problem mit der »hohen« und »geistlichen« Kunst ist, daß sie dazu neigt, zu »hoch« und zu »geistlich« zu werden. Ein Cartoon dagegen nimmt bescheiden seinen Platz in der populären Kunst ein. Und wenn es jemals ein Buch gab, das auf ähnliche Weise bemüht war, populär, bodenständig und anschaulich zu sein, dann ist es die Bibel.

Wie mache ich mich am besten mit der Bibel vertraut? Mit wachem Verstand und engagiertem Lesen!

»Halte an dem Glauben fest, so wie du es gelernt hast. Von seiner Wahrheit bist du ja überzeugt. Schließlich weißt du genau, wer deine Lehrer waren. Außerdem bist du von frühester Kindheit an mit der Heiligen Schrift vertraut. Sie zeigt dir den einzigen Weg zur Rettung, den Glauben an Jesus Christus. Denn die ganze Heilige Schrift ist von Gottes Geist eingegeben. Sie lehrt uns, die Wahrheit zu erkennen, unsere Schuld einzusehen, uns von Grund auf zu ändern und so zu leben, daß wir vor Gott bestehen können. Sein Wort zeigt uns, wie wir als veränderte Menschen fähig werden, in jeder Beziehung Gutes zu tun.« 2. Timotheus 3,14-17

Die Bibel läßt keinen Zweifel daran, was Gottes erstes Gebot an uns ist: »Jesus antwortete ... Der Herr, unser Gott, ist der einzige Herr. Darum sollst du den Herrn, deinen Gott, lieben mit ganzem Herzen und ganzer Seele, mit all deinen Gedanken und all deiner Kraft« (Markus 12,29.30). Und weil, wie James Smart über die Bibel sagt, »die Offenbarung Gottes ... uns nur durch das Medium dieses Buches erreicht«, sollten wir uns der Bibel auf ganz ähnliche Weise nähern, wie es uns in diesem Gebot der Gottesliebe aufgetragen ist – also mit ganzem Herzen, mit all unseren Gedanken und mit all unserer Kraft.

Fangen wir mit dem letzten an, mit der Kraft. Kraft bedeutet schlicht und einfach, daß wir uns Mühe geben müssen. Die Bibel ist ein Buch voller reicher Schätze – das reichste von allen! Aber wir können nicht erwarten, sehr viele ihrer Schätze zu heben, ohne ein gewisses Maß an Mühe zu investieren. »Ohne Fleiß kein Preis«, sagt man. Dieser Punkt erscheint vielleicht offensichtlich, aber er ist nicht so selbstverständlich, wie manche denken. Die Bibel selbst warnt uns immer wieder vor dem Ausmaß unserer eigenen geistlichen Faulheit. Sie sagt uns, daß wir dazu neigen, geistlich so faul zu sein, daß wir nicht einmal mehr *merken,* wie faul wir geistlich sind. Und deshalb wird sich die Anweisung »Mach dich auf und lies die Bibel!« oftmals folgendermaßen auswirken:

»Die Bibel ist ihr eigener bester Ausleger!« Dieser Ausspruch ist so wichtig für das Verständnis der Bibel, daß die Theologiestudenten ihn früher auf lateinisch auswendig lernen mußten. Wie könnte ihn schließlich jemand vergessen, wenn er auf lateinisch war? Aber die Aussage stimmt, und das ist der Grund, warum wir die Bibel so *umfassend* und so *gründlich* wie nur möglich kennenlernen sollten. Andernfalls kann es uns passieren, daß wir eine ziemlich verzerrte, einseitige Sicht der Dinge bekommen. Wie der obige Abschnitt aus dem zweiten Timotheusbrief sagt, nutzt die Bibel nicht nur dazu, die Wahrheit zu erkennen, sondern auch dazu, Irrtümer zu widerlegen. Darum müssen wir auf der Hut vor schlampigen Bibellesern sein. Schlampige Bibelleser können zwar oft ihre Lieblingsstellen mit Kapitel und Vers zitieren, aber viele andere Dinge übersehen sie.

In der Geschichte von den drei Versuchungen Jesu durch Satan (Matthäus 4,1-11) benutzt Satan im zweiten Fall sogar die Bibel, um Jesus in Versuchung zu führen. Doch in all diesen Fällen überwindet Jesus den Versucher dadurch, daß er noch mehr biblische Aussagen ins Feld führt, nicht weniger. Die Tatsache also, daß der Teufel für seine Zwecke die Schrift zitieren kann (wie schon Shakespeare feststellte) sollte uns nicht dazu veranlassen, die Bibel zu vernachlässigen; sondern sie bedeutet, daß wir die Bibel besser kennen müssen als unser Widersacher. Andernfalls könnten wir leicht für lange Zeit hungrig bleiben.

Hat diese Kraft, die wir auf die Bibel verwenden, zur Folge, daß wir selbst Kraft gewinnen, wenn wir uns dieser Übung unterziehen? Unser Abschnitt aus dem zweiten Timotheusbrief versichert uns, daß es so ist. Unter anderem lehrt sie uns »die Wahrheit zu erkennen, unsere Schuld einzusehen, uns von Grund auf zu ändern und so zu leben, daß wir vor Gott bestehen können. Sein Wort zeigt uns, wie wir als veränderte Menschen fähig werden, in jeder Beziehung Gutes zu tun«.

Bei den *Peanuts* ist es sicherlich Linus, der sich am meisten Mühe gibt, die Bibel kennenzulernen. Und man beachte, welche Kraft er dadurch gewonnen hat: Er ist immer der erste, wenn es darum geht, gegen Ungerechtigkeit zu protestieren und etwas Gutes zu tun, wo immer sich die Gelegenheit bietet – selbst wenn er nicht immer alles versteht, was er gelesen hat.

Falls jemand denken sollte, wir könnten unseren Verstand an der Garderobe abgeben, wenn wir uns der Bibel zuwenden, dann hat er bestimmt noch nie versucht, sie zu lesen. Das Gegenteil ist wahr: Nichts kann unsere geistigen Fähigkeiten so sehr herausfordern wie die Bibel. Unser ganzer Verstand ist gefordert, damit wir zum Glauben finden können; haben wir einmal zum Glauben gefunden, dann macht es uns Spaß, immer mehr zu verstehen.

Schauen wir doch einmal in einen der langen Briefe des Paulus. Es fällt sofort auf, daß die Person, mit der wir es hier zu tun haben, vor Intelligenz und Wissen nur so sprüht. Und das bedeutet, daß die Leute, an die diese Briefe adressiert sind (und das schließt uns ein) auch nicht denkfaul sein dürfen. Wenn jemand Hunger auf geistige Nahrung und intellektuelles Wachstum hat, dann ist er bei der

Bibel genau an der richtigen Adresse. Ohne sie werde ich nicht mehr leben können. Sie wird mir »heilig« werden. Es wird mir nicht mehr ausreichen, mich nur an ihrer sprachlichen Schönheit zu erbauen; sondern ihre geistige Wucht und die schiere Freude an ihrer *Bedeutung* wird mich faszinieren und mich nie wieder loslassen.

Die Bibel erfaßt und ergreift uns mit Fragen (und Antworten), die uns ohne sie niemals in den Sinn kommen würden. Sie hat die »Macht, dich klug zu machen«.

Wie mache ich mich am besten mit der Bibel vertraut? Mit ganzem Herzen lesen!

»Gottes Geheimnisse erschließen sich nur durch Gottes Geist.«
1. Korinther 2,13.14

Mit ganzem *Herzen,* mit ganzem *Kopf* und mit ganzer *Hand* – so sollen wir dem Gott, der uns in der Bibel begegnet, lieben und ihm dienen, und deshalb ist es gut, wenn wir in der gleichen Weise auch an die Bibel selbst herangehen. An diesem Muster sehen wir, daß die Bibel immer das Herz an die erste und den Verstand an die zweite Stelle setzt. Das ist wichtig, weil wir alle von Natur aus dazu neigen, diese Reihenfolge umzukehren und dadurch, wie Charlie Brown von sich selbst sagt, »Schnee schippen, Laub rechen und Botschaften durcheinander bringen«!

Wenn wir an die Bibel in erster Linie mit dem Verstand herangehen, dann wird sie uns nicht allzuviel bedeuten, geschweige denn anderen, denen wir sie nahebringen möchten.

In dem Film *Der Club der toten Dichter* versucht der junge Englischlehrer John Keating seine Schüler zu motivieren, »tief von den Freuden der Dichtung zu trinken« und so zu lernen, »das Leben bis aufs Mark auszusaugen«. Eine unvergeßliche Szene läuft so ab: »›Gentlemen‹, sagte er, als es zum Unterricht läutete, ›öffnen Sie Ihren Pritchard auf Seite einundzwanzig der Einleitung. Mr. Perry‹ – er deutete auf Neil – ›würden Sie bitte den ersten Absatz des Vorworts mit dem Titel *Zum Verständnis der Lyrik* laut vorlesen.‹ Die Jungen fanden den Abschnitt in ihren Büchern, setzten sich aufrecht hin und folgten dem Text, während Neil vorlas: ›Zum Verständnis der Lyrik, von Dr. J. Evans Pritchard, Doktor der Philosophie. Um Lyrik vollkommen zu verstehen, müssen wir zunächst Versform, Reim und Ausdrucksweise vollkommen beherrschen. Dazu stellen sich zwei Fragen: Wie kunstvoll wurde die Zielsetzung des Gedichtes erfüllt, und zweitens, wie wichtig ist diese Zielsetzung? Frage 1 bewertet die Perfektion des Gedichtes und Frage 2 seine Bedeutsamkeit. Wenn wir diese Fragen beantwortet haben, läßt sich die dichterische Größe eines Gedichtes relativ einfach ersehen. Die Maßzahl eines Gedichtes läßt sich anhand eines Diagramms festlegen. Auf der Y-Achse tragen wir die Perfektion ein, und seine Bedeutsamkeit auf der X-Achse. Die Flächenberechnung zwischen Perfektion und Bedeutsamkeit ergibt die Maßzahl der dichterischen Größe. Ein Sonett von Byron würde auf der Y-Achse eine hohe Punktzahl erhalten, wäre auf der X-Achse allerdings nur Durchschnitt. Andererseits würde ein Sonett von Shakespeare sowohl auf der X-Achse als auch auf der Y-Achse sehr weit außen sein. Damit würde veranschaulicht, wieviel dichterische Größe dieses Gedicht aufweist.‹

Während Neil vorlas, erhob sich Keating von seinem Stuhl und trat an die Tafel. Er zeichnete ein Diagramm und demonstrierte durch Linien und Schattierungen, wie das Gedicht von Shakespeare das von Byron völlig überdecken würde.

Neil las weiter. ›Wenn Sie die Lyrik in diesem Buch durcharbeiten, verwenden Sie bitte diese Bewertungsmethode. In dem Maße, wie Ihre Fähigkeit zur Bewertung von Gedichten wächst, werden auch Freude und Verständnis für Lyrik wachsen.‹

Neil hielt inne, und Keating wartete einen Augenblick, um die Lektion einsinken zu lassen. Dann griff er sich an die Kehle und stieß einen fürchterlichen Schrei aus. ›Ahhhhgggggg!!‹ schrie er. ›Abfall! Müll! Eiter! Reißen Sie das aus Ihren Büchern heraus. Na los, reißen Sie die ganze Seite heraus! Ich will, daß dieser Abfall im Papierkorb landet, wo er hingehört!‹«[10]

»Exkrement!« ist das Wort, das der Schauspieler Robin Williams im Film tatsächlich verwendet. Und dann wird diese Seite von Dr. J. Evans Pritchard, Doktor der Philosophie, auf Keatings/Williams' Anweisung hin ganz unfeierlich von allen Schülern in der Klasse in den Müll befördert.

Die Bibel soll man genauso lesen und verstehen, wie Keating fordert, daß man Lyrik lese und verstehe – in erster Linie mit dem Herzen, nicht mit dem Kopf oder dadurch, daß wir uns von jemandem sagen lassen, was sie bedeutet.

Übrigens besteht die Bibel ja über weite Strecken aus Dichtung. Und das ist auch kaum verwunderlich. Denn wenn Gott persönlich in das Leben eines Menschen eindringt, richtet er in unseren Herzen seinen Brückenkopf auf. Unsere Herzen sind der Verbindungspunkt, der Kontaktpunkt. Denn unsere Herzen sind unser Innerstes; sie machen uns zu dem, was wir sind. Unser Verstand und unsere Kraft, unser Kopf und unsere Hände müssen unserem Herzen folgen, wonach es auch immer strebt. Unsere Emotionen sind es, die unsere Beweggründe bestimmen, nicht umgekehrt. Deshalb treffen Peppermint Patty und Oscar Wilde den Nagel auf den Kopf.

Oder, wie oft gesagt wird, der christliche Glaube läßt sich nicht lehren, er läßt sich nur leben. »Der Mensch kann von sich aus, mit seinen natürlichen Fähigkeiten, nicht erfassen, was Gottes Geist sagt«, wie es in unserem Text heißt.

Und so wird es immer unser Herz sein, das als erstes zu begreifen anfängt, was Gott uns in der Bibel sagen will. Noch einmal, wir sollten die Bibel mit unseren *großen* Fragen lesen, nicht mit den kleinen. Und das heißt, mit den Fragen unseres Herzens. Kopffragen blockieren nur und bringen die Botschaft durcheinander, zumindest anfangs.

Natürlich ist es immer schön, wenn man das Wer, Wo und Warum eines Bibeltextes kennt. Und wir dürfen sicher sein, daß die Bibel uns nicht im dunkeln tappen lassen wird, wann immer solche Fragen von entscheidender Bedeutung sind. Doch in der Zwischenzeit ist es der Bibel ein viel dringenderes Anliegen, daß wir einfach auf das Gesagte hören – gleich jetzt, sorgfältig, ernsthaft. Denn ihr nicht zuzuhören kann gefährlich werden; machen wir uns nichts vor.

Welche Art Herz ist am besten geeignet, um die Bibel zu verstehen? Ein gebrochenes Herz!

»*Als Heiliger wohne ich in der Höhe, aber ich bin auch bei den Zerschlagenen und Bedrückten, um den Geist der Bedrückten wieder aufleben zu lassen und das Herz der Zerschlagenen neu zu beleben.*«   Jesaja 57,15

»Wie sonst als durch ein gebrochenes Herz könnte der Herr Christus eintreten?« fragte Oscar Wilde.[11] Genau aus demselben Grund konnte Wilde auch sagen: »Nichts, das zu wissen sich lohnt, kann gelehrt werden.«

Die Erfahrung eines gebrochenen Herzens läßt sich genausowenig lernen wie das Verlieben; entweder es geschieht oder es geschieht nicht. Und im Gegensatz zum Verlieben ist ein gebrochenes Herz eine Erfahrung, die wir nach Möglichkeit vermeiden möchten. Doch wir müssen sie durchleben, wenn wir für Gottes Wort, das durch die Bibel zu uns fließt, offen und empfänglich werden wollen. Ohne ein gebrochenes Herz sind wir zu beschäftigt und oberflächlich zufrieden damit, auf andere Worte zu hören. Darum richtet die Bibel ihre Botschaft stets ausdrücklich, wie es in der Bergpredigt formuliert wird (Matthäus 5,3-11), an die »Armen vor Gott«, an die »Traurigen«, an die »Sanftmütigen«, an jene, die »sich nach Gottes Gerechtigkeit sehnen«. Achten wir in dem folgenden Ausspruch Jesu darauf, an wen diese Einladung gerichtet ist. Achten wir auch darauf, wohin er sich begibt, um ihnen zu begegnen – nämlich auf ihre eigene Ebene der Niedrigkeit und »Demütigkeit«. Denn nur, wenn wir ganz unten sind, finden wir den Felsengrund, dieses neue und feste Fundament in Christus selbst.

»Kommt alle her zu mir, die ihr euch abmüht und unter eurer Last leidet! Ich werde euch Frieden geben. Nehmt meine Herrschaft an und lebt darin! Lernt von mir! Ich komme nicht mit Gewalt und Überheblichkeit. Bei mir findet ihr, was eurem Leben Sinn und Ruhe gibt. Ich meine es gut mit euch und bürde euch keine unerträgliche Last auf.«

Matthäus 11,28-30

»Gesunde Theologie« ist immer biblische Theologie. Die Bibel hat die tiefsten Tiefen der menschlichen Existenz ausgelotet, und genau in diesen Tiefen macht sie uns das Angebot, die schweren Lasten von uns zu nehmen, die wir tragen.

In dem Maße, in dem wir die Botschaft der Bibel brauchen, werden wir auch in der Lage sein, sie zu verstehen und zu schätzen. Wenn wir sagen, daß wir die Bibel mit unserem Herzen lesen sollen, dann heißt das mit den *Tiefen* unseres Herzens, nicht mit seiner harten äußeren Hülle. Aber was ist mit den Herzen, die nicht gebrochen sind, sondern vielleicht nur ein bißchen von außen verbeult? Soll die Bibel an die Oberfläche dieser Herzen herangebracht werden? Ja. Denn Gottes Wort kann, wenn es den Leuten nicht gewaltsam aufgezwungen (was ein tragisches Aufbegehren beinahe unvermeidlich macht) oder in unausgewogener und verzerrter Weise nahegebracht wird, immer auf vielerlei Weise hilfreich und bedeutsam sein. Die Bibel auf der Oberfläche unseres Herzens wartet auf die Öffnung – den »Bruch« – der es ihr erlaubt, in die Tiefen unseres Herzens hineinzufallen. Wenn dieser Bruch kommt, ist Gott mit seinem Wort an Ort und Stelle und bereit, uns die geistliche Erfüllung zu bringen, für die es geschrieben wurde. Wenn dann die harten Schläge des Lebens weiterhin auf unsere Herzen einprasseln, wird jemand da sein, der uns antwortet. Doch solange Gott auf das Aufbrechen unseres Herzens wartet, kann er dennoch ein großer Trost sein für denjenigen, der sich nur kleinerer Probleme bewußt ist.

Noch einmal, es liegt nicht in unserer Hand, ob dieses Aufbrechen geschieht oder nicht. Nur Gottes Macht kann das bewirken. Aber dieses Aufbrechen ist absolut notwendig, damit wir den Geist Gottes erfahren können, wenn er sich – meist durch die Bibel – nach uns ausstreckt und uns ergreift. Deshalb müssen wir beides kennen – daher der Ausspruch Jesu: »Ihr kennt weder das Wort Gottes noch Gottes Macht. Ihr irrt euch« (Matthäus 22,29).

Aber wir sollten nicht übersehen, daß Jesus die Schrift hier an erster Stelle nennt. Ob wir die Bibel kennen oder nicht, das haben wir in der Hand. Deshalb sollen wir daran denken: »Du bist von frühester Kindheit an mit der Heiligen Schrift vertraut. Sie zeigt dir den einzigen Weg zur Rettung, den Glauben an Jesus Christus« (2. Timotheus 3,15). In der Zwischenzeit ist eine andere Macht – Gottes Macht – notwendig, um unsere Herzen aufzubrechen und ihr tiefes Bedürfnis nach der Macht der Bibel zu offenbaren. Ja, es sind die reinigenden Flammen innerhalb des gebrochenen Herzens, durch die die Botschaft der Bibel in unsere Herzen dringen und uns Frieden bringen kann.

Wäre es nicht schön (und viel einfacher), wenn es eine einzige, unfehlbare, äußere Autorität gäbe, die uns zweifelsfrei sagt, wie wir die Bibel verstehen müssen?
Ja, das wäre es; darum gibt es ja auch so viele davon

»Der Heilige Geist … wird euch alles lehren.«

Johannes 14,26

Soweit es das Neue Testament betrifft, ist der Heilige Geist das letzte Kriterium für alle christliche Wahrheit. Der Geist ist der letzte Richter über die Gültigkeit allen christlichen Wissens und Lehrens. »Wenn aber jener kommt, der Geist der Wahrheit«, sagte Jesus, »wird er euch in die ganze Wahrheit führen.«

Wie bringt der Heilige Geist das fertig? Spricht er in richtig hörbaren Worten zu uns? Nein. Er spricht zu uns durch den Trost, den er uns in unseren tiefsten Verletzungen und Fragen bringt. Darum nennt die Luther-Bibel den Heiligen Geist oft auch den »Tröster« (Johannes 14,16; 14,26; 15,26; 16,7). Es ist die wirklich persönliche und tröstende Gegenwart des Geistes in unseren Herzen, die uns letzten Endes »alles lehren« wird. Alles? Ja. Sogar, wie wir beten können. »Denn wir wissen nicht, was wir beten sollen, wie sich's gebührt.« Es funktioniert ungefähr so:

Wie sehr wir uns also nach tiefer Gotteserkenntnis sehnen mögen,
letzten Endes ist es die stille Liebe des »Geistes selbst«, die uns lei-

tet, für uns eintritt, für uns fleht – die uns alles lehrt durch die Hilfe und den Trost, mit denen der Geist auf unsere »Schwäche« eingeht. Augustinus drückte es so aus: »Denn zu dir hin hast du uns geschaffen, und unruhig ist unser Herz, bis es ruhet in dir.«[12]

Wenn unsere verfinsterten und leeren Herzen ihre Ruhe in Gott finden, dann nur deshalb, weil Gott persönlich in ihnen Einzug gehalten hat. Gott ist in der Person des »Geistes« in unsere Herzen gekommen und hat ein Licht und eine Ruhe hineingebracht, die immer weiter wachsen und die Finsternis und Rastlosigkeit hinausdrängen.

Christliche Erkenntnis ist also im wesentlichen Herzenserkenntnis, nicht Kopferkenntnis. Sie ist subjektiv, nicht objektiv, innerlich, nicht äußerlich. Sie ist vor allem eine Erkenntnis der Emotionen, der Erfahrungen und der Existenz, weniger eine Erkenntnis des Verstandes. Christliche Erkenntnis ist im wesentlichen Erkenntnis über Liebe, und der Verstand ist nicht einmal annähernd in der Lage, Liebe zu verstehen. »Geistliche Dinge« werden »geistlich beurteilt« (1. Korinther 2,13.14).

Aber das führt uns zu einem Problem – oder zumindest sehen wir es normalerweise als ein Problem. Wenn »Wahrheit ... subjektiv« ist, wie Kierkegaard es ausdrückte[13], wie können wir uns je über »die Wahrheit« einig werden, ohne so etwas wie einen allgemein anerkannten objektiven Maßstab für die Erkenntnis der Wahrheit zu haben?

Nehmen wir zum Beispiel die Wissenschaft. Die Wissenschaft verfügt über allgemein anerkannte Kriterien, um die Wahrheit zu finden – und was für »Wahrheiten« kommen dabei heraus? Wir können kaum damit Schritt halten. Und doch sind die Wissenschaftler die ersten, die uns sagen werden, daß ihre Methoden nicht geeignet sind, um Sinn zu finden.

Die Wissenschaft hat jede Menge »Know-how« – »Gewußt wie« – aber sie würde zur Religion, wenn sie in Anspruch nähme, auch das »Know-why« – »Gewußt warum« – zu haben. Die Wissenschaft beschäftigt sich mit den beweisbaren vorletzten »Wahrheiten«, nicht mit der unbeweisbaren, letzten Wahrheit. Denn wie könnte man »die letzte Wahrheit« beweisen – wenn es doch laut Definition keinen höheren Beurteilungsmaßstab geben kann als »die letzte Wahrheit« selbst? Und doch hätten wir es gern, wenn das möglich wäre. Das würde uns die furchtbare Verantwortung ersparen, unsere eigenen Antworten auf die Frage zu finden, was »die Wahrheit« sei. So etwas wie »Glaube« wäre nicht mehr notwendig. Simsalabim! Unser Glaube hätte sich in »Wissen« verwandelt. Die Wahrheit wäre festgenagelt; sie wäre objektiv gesichert. Und so suchen wir im Reich des Geistes ständig nach einer objektiven Autorität, nach etwas anderem als dem Geist selbst, die das für uns tun könnte – die uns ersparen könnte, unsere eigenen Antworten suchen zu müssen.

»Müht euch mit Furcht und Zittern um euer Heil«, sagt Paulus (Philipper 2,12). Aber wer will das schon!? Wer möchte sich fürchten, und wer will zittern? Da ist es doch viel leichter, wenn man das andere Leute besorgen läßt. Und so richten wir zu eben diesem Zweck alle möglichen Autoritäten auf. »Wenn diese beeindruckende Kirche etwas als wahr verkündet, dann muß es auch wahr sein!« »Wenn diese unfehlbare Autorität oder dieser Hohepriester der Psychiatrie etwas für wahr erklärt, dann ist es wahr!« »Wenn dieses Buch, buchstäblich ausgelegt, etwas als wahr bezeichnet, dann ist es wahr! Ich will keine direkte, leidenschaftliche, persönliche Beziehung mit der Wahrheit, mit dem Geist haben. Ich vertraue nur einer dieser äußeren Autoritäten, die mir sagen, was wahr ist und wie ich mich richtig verhalte. Macht mir nur deutlich, was das Minimum ist, das von mir erwartet wird. In der Zwischenzeit kann ich weiterleben und mich nur dann um ›die Wahrheit‹ kümmern, wenn es nötig ist oder ich mich danach fühle.« Auf diese Weise sind wir aus dem Schneider. So brauchen wir nicht auf Paulus zu hören, wenn er sagt: »Jeder soll aber von seiner Auffassung überzeugt sein« (Römer 14,5).

Auf die gleiche Weise versuchen wir, uns um unser Bedürfnis nach dem höchst persönlichen »Geist der Wahrheit« (Johannes 14,17; 15,26; 16,13), dem Heiligen Geist, herumzumogeln. Wir halten uns zu Leuten, die uns sagen, was wir tun sollen. Für den Heiligen Geist setzen wir eine »Heilige Kirche«, einen »Heiligen Vater« oder eine buchstäblich ausgelegte »Heilige Schrift« ein (wenn doch die Auslegung der Bibel immer eine Sache dessen ist »was am Herzen durch den Geist, nicht durch den Buchstaben geschieht« – Römer 2,29). Schließlich ist es unmöglich, den Heiligen Geist, der ja bekanntlich weht, wo er will, zu beherrschen. Vielleicht wird er deshalb immer durch einen Vogel symbolisiert. Jesus sagte über ihn:

»Ein Mensch kann immer nur menschliches, vergängliches Leben zeugen; aber der Geist Gottes gibt das neue, das ewige Leben. Wundere dich deshalb nicht, wenn ich dir gesagt habe: Ihr müßt von neuem geboren werden. Es ist damit wie beim Wind. Er weht, wie er will. Du spürst ihn auch, aber du kannst nicht erklären, woher er kommt und wohin er geht. So kann man auch nicht erklären, wie diese Geburt aus Gottes Geist vor sich geht, obwohl jeder ihre Auswirkung spürt.«

Johannes 3,6-8

Niemand leugnet das menschliche Grundbedürfnis nach letzter Sicherheit oder Erlösung. Aber wirkliche Sicherheit können wir nur durch den »Geist Christi« (Römer 8,9) gewinnen, den Heiligen Geist. Und diesen Geist kann man genausowenig in einer bestimmten Kirche, einer hohen kirchlichen Autorität oder einer hölzernen Auslegung eines Buches »einsperren«, wie man ihn »in die Garage sperren« kann!

Der Geist Gottes und Christi fließt durch die Worte der Bibel in unsere Herzen, und dieser Geist selbst ist es, der das Buch erleuchtet – »so bezeugt der Geist selber unserem Geist …« (Römer 8,16).

Das große Thema der Bibel, oder »Die Botschaft der Bibel kurz gefaßt.« Oder auch: Wo fange ich an?

»All dies verdanken wir Gott, der durch Christus mit uns Frieden geschlossen hat. Er hat uns beauftragt, diese Botschaft überall zu verkündigen. Denn Gott hat durch Christus Frieden mit der Welt geschlossen, indem er den Menschen ihre Sünden nicht länger anrechnet, sondern sie vergibt. Gott hat uns dazu bestimmt, diese Botschaft von der Versöhnung öffentlich bekanntzugeben.
Als Botschafter Christi fordern wir euch deshalb im Namen Gottes auf: Laßt euch mit Gott versöhnen! Wir bitten euch darum im Auftrag Christi. Denn Gott hat Christus, der ohne Sünde war, mit all unserer Schuld beladen und verurteilt, damit wir von dieser Schuld frei sind und Menschen werden, die Gott gefallen.«

2. Korinther 5,18-21

Die Bibel ist ohne Zweifel das mächtigste aller Bücher. Mit dieser Einschätzung stimmen viele Leute überein, selbst solche, die keine großen Bibel-Fans sind. Aber wenn Melville recht hat, und ich glaube, das hat er, was ist dann das »mächtige Thema« der Bibel? Welches eine mächtige Thema hat dieses mächtige Buch hervorgebracht?

Das ist natürlich eine waghalsige Frage. Da haben wir die Bibel mit all ihren 773.893 Wörtern (nach Linus' Zählung) und fragen dennoch: »Was sagt dieses Buch denn nun aus, *in ein paar Worten?*« Ist es möglich, die Aussage der Bibel in wenige Worte zu fassen? Wäre es überhaupt ratsam, das zu versuchen? Geht man damit nicht das Risiko ein, gefährlich zu vereinfachen, selbst wenn es uns gelingen sollte, das mächtige Thema der Bibel herauszufiltern?

Außerdem: Wenn wir die zentrale Botschaft der Bibel einfach so verraten, werden die Leute dann noch den Rest lesen? Und wenn die Bibel ein einziges mächtiges Thema enthält, ist das dann nicht etwas, das die Leute am besten selbst herausfinden sollten?

Dies sind ernsthafte Fragen, und deshalb will ich versuchen, sie ernsthaft zu beantworten. Erstens ist niemand gezwungen, meine Antwort auf die Frage nach dem mächtigen Thema der Bibel zu akzeptieren. Jeder, der diese Frage stellt, wird letzten Endes seine eigene Antwort darauf finden müssen.

Zweitens, selbst wenn jemand dazu neigen sollte, meine Antwort auf diese Frage zu akzeptieren, glaube ich kaum, daß er es anschließend versäumen würde, die ganze Bibel im Licht dieses Themas selbst zu lesen, und zwar eingehend und sorgfältig, es sei denn, er nimmt diese Antwort nicht ernst.

Und drittens ist es für viele Leute gerade eine Hilfe, sich auf dieses mächtige Buch mit seinen 773.893 Wörtern und seiner Vielzahl verschiedener und manchmal verwirrender Stimmen einzulassen, wenn man ihnen ein solches übergreifendes, einheitliches Thema nennt.

Wie auch immer, ich bin jedenfalls nicht der einzige Mensch, der eine starke Überzeugung hat, was die Identität des mächtigen Themas der Bibel betrifft. Wir brauchen uns nur einmal irgendein großes Sportereignis im Fernsehen anzusehen. Oft scheint es, als ob die Tribünen voller Theologen sind – voller Leute, die ihre eigene Vorstellung davon haben, was dieses Thema sein könnte!

Nachdem ich mich nun solchermaßen verteidigt habe, möchte ich nun in aller Bescheidenheit sagen, was meiner Meinung nach dieses mächtige Thema der Bibel ist: Es ist der Text aus dem zweiten Korintherbrief, der diesem Kapitel zugrunde liegt.

Das ist es. Für mich kommt in diesen wenigen Worten alles zusammen. Es gibt noch reichlich andere Stellen, mit denen es mir genauso geht: zum Beispiel Jesaja 53,6 oder Römer 8,38-39. Aber kein anderer Abschnitt der Bibel haut mich so vom Hocker wie dieser. Ich werde nie die Erfahrung vergessen, wie ich den Vers 19 aus diesem Abschnitt vor vielen Jahren zum ersten Mal las. *Das ist es: das Evangelium, das Gebot,* notierte ich mir am Rand der Seite. *Bam! Wow! Zap! Boom!* Und im Lauf der Jahre ist dieses Gefühl der Liebe auf den ersten Blick nur noch stärker geworden.

Offenbar haben viele Leute ähnliche Erfahrungen gemacht. Mein großer theologischer Mentor ist Karl Barth. Ich glaube nicht, daß es in der Christenheit je einen Menschen gab, der die Bibel mehr liebte und besser kannte als Barth, ein Bibelausleger von »beispielloser Durchdringungskraft«, wie George Steiner über ihn sagt.[14] Hier ist einer der Kommentare, die Barth zu dieser Passage gibt: »Aber nun ist die Versöhnungslehre selbst das letzte oder erste oder zentrale Wort des ganzen christlichen Bekenntnisses und Dogmas.

Die ganze Dogmatik hat nichts Höheres noch Tieferes, sie hat nichts wesentlich anderes zu sagen als dies: daß ›Gott war in Christus und versöhnte die Welt mit sich selber‹ (2. Korinther 5,19).«[15] Es ist schön, wenn man jemanden findet, der so stark mit einem selbst übereinstimmt, besonders, wenn es jemand mit einem so einflußreichen Namen ist. Aber in jedem Fall ist dies *meine* Wahl für das mächtige Thema, und ich werde diese Stelle als Bezugspunkt benutzen, der uns leiten soll.

Doch die Tatsache, daß wir diese Stelle im Neuen Testament ausgemacht haben, wirft eine weitere Frage auf, bevor wir fortfahren, nämlich, in welcher Reihenfolge man die Bibel lesen soll. Wo fängt man am besten an? Erstes Buch Mose, Kapitel eins, Vers eins, oder wo?

Ich habe es noch nie für ratsam gehalten, mit dem Alten Testament zu beginnen. Aus christlicher Perspektive ist ein Großteil des Alten Testaments eine Art Prolog zu dem Hauptereignis – dem Ereignis Christus selbst. Der neutestamentliche Brief an die Hebräer meint dazu:

»Immer wieder hat Gott schon vor unserer Zeit auf unterschiedliche Art und Weise durch die Propheten zu unseren Vätern gesprochen. Doch jetzt, in diesen letzten Tagen, sprach Gott durch seinen Sohn Jesus Christus zu uns. Durch ihn schuf Gott die Welt, und ihn hat er auch zum Erben über diese Welt eingesetzt. In dem Sohn zeigt sich die göttliche Herrlichkeit seines Vaters, denn er ist ganz und gar Gottes Ebenbild. Sein Wort ist die Kraft, die das Weltall zusammenhält. ... Weil wir das wissen, müssen wir um so mehr auf die Worte achten, die wir von Jesus Christus gehört haben. Sonst verfehlen wir noch das Ziel.«

Hebräer 1,1-3a;2,1

Aus diesem Grund rate ich den Leuten stets, mit dem Neuen Testament anzufangen. Für sich allein genommen kann das Alte Testament so unnahbar, verwirrend und langatmig wirken, daß viele angehende Bibelleser sich vom Kurs abbringen lassen, bevor sie überhaupt erfahren haben, was das Begeisternde an der Bibel ist.

Gewiß ist das Neue Testament ohne das Alte niemals voll zu verstehen. Aber im Neuen Testament selbst sind oft Aussagen des Alten Testamentes treffend zusammengefaßt, damit die Menschen mehr auf das achten, was ihnen neuerdings verkündet worden ist. So beginnt das Johannes-Evangelium ganz genauso wie das erste Buch Mose: »Am Anfang.«

Und die scheinbar langatmigen neutestamentlichen Geschlechtsregister fassen alles, was vorher war, wie durch ein Teleskop geblickt zusammen. Aus diesen Gründen halte ich es nicht für gut, »einfach mit dem ersten Kapitel des ersten Buches Mose zu beginnen, wenn wir schon dabei sind«. Schließlich fangen wir, wenn wir mit dem Sohn anfangen, im Grunde wirklich mit dem Anfang an. Denn »Am Anfang war das ewige Wort Gottes: Christus. ... Gottes Sohn (das Wort) wurde Mensch und lebte unter uns Menschen« (Johannes 1,1.14). Das ist es, worum es Weihnachten geht. Der alte, alte Gott in brandneuem, menschlichen Fleisch wird gefeiert.

Wir haben gesagt, daß wir die Bibel zu unseren Herzen sprechen lassen sollten. Doch das sollte immer ein Reden von Herz zu Herz sein. In der Bibel redet tatsächlich Gott von Herz zu Herz oder von Person zu Person mit jedem einzelnen von uns. Und das Herz der Bibel findet sich vor allem im Neuen Testament, denn Jesus selbst ist dieses Herz, wie er selbst bezeugt: »Ihr studiert die Heilige Schrift, weil ihr meint, dadurch zum ewigen Leben zu gelangen. Und tatsächlich weist sie auf mich hin« (Johannes 5,39).

Christentum und Komödie: Zwei aus einem Stall

> *»… Gott, der durch Christus Frieden mit uns geschlossen hat, indem er den Menschen ihre Sünden nicht länger anrechnet.«*
> 2. Korinther 5,18.19

Aristoteles dachte sehr gründlich über tragische, komische, historische und bukolische Dinge nach, und er sagt uns, daß Komik das ist, »was zur falschen Zeit am falschen Ort ist, aber außer Gefahr«.[16] Auch die christliche Botschaft berichtet, daß etwas zur falschen Zeit am falschen Ort, aber außer Gefahr ist – nämlich die Menschheit, die Menschen, die Welt. Gott hat uns – die Menschheit, die Menschen, die Welt – mit sich versöhnt. Gott rechnet uns unsere Verfehlungen nicht mehr an. Wir sind alle aus dem Schneider! Wir sind endlich außer Gefahr!

Das ist die Pointe, die Botschaft, die gute Nachricht. Vorläufig ist da jedoch offensichtlich noch ein Problem. Nicht alle haben diese Botschaft empfangen, und viele, die sie gehört haben, glauben offensichtlich nicht daran. Die Tatsache, daß viele sie noch nicht gehört haben oder nicht daran glauben, könnte als ein relativ geringfügiges Problem erscheinen, und das ist es auch, wenn man dagegen hält, wie wunderbar sich alles auflösen wird (siehe Römer 8,8.9.18).

Doch zur Zeit verursacht dieses Nichthören oder Nichtglauben höllisch viel Ärger in dieser Welt. (Wir gebrauchen das Wort »höllisch« hier in seiner ernstesten theologischen Bedeutung.) Obwohl wir also letzten Endes alle »außer Gefahr« sein könnten, finden wir uns im Augenblick »zur falschen Zeit am falschen Ort«. Aber das ist Komödie. Und das ist auch christlicher Glaube.

Was wäre, wenn die Pointe anders wäre? Was wäre, wenn – statt daß wir »außer Gefahr« wären – doch eine unausweichliche Katastrophe drohte? Dann würden wir hier nicht über Komödie reden. Mit Gefahr und ihren negativen Konsequenzen hätten wir eine Tragödie. Und dann wäre dies auch nicht das christliche Evangelium oder die »gute Nachricht«, von der wir hier reden. Mit Gefahr wäre die »gute Nachricht« des Evangeliums nur eine groteske Travestie einer wirklich guten Nachricht. Es wäre nicht die eindeutige »große Freude, die dem ganzen Volk zuteil werden soll« (Lukas 2,10); es wäre die schlechte Nachricht einer gewaltigen, schrecklichen, von Gott verursachten Katastrophe, der keiner entkommen könnte. Charlie Brown und Aristoteles haben also recht: Ob das Leben eine Komödie oder eine Tragödie ist, hängt vom Ausgang ab.

Solange wir uns der Pointe nicht sicher sind, solange ungewiß ist, welchen Ausgang unser Leben letztendlich nehmen wird, gibt es zu vieles in diesem Leben, wovor wir Angst haben oder worum wir uns Sorgen machen müssen. Aber das Evangelium sagt uns, daß wir uns nicht fürchten brauchen, weil Gottes gute Nachricht über den Ausgang des Lebens gilt.

Das vollständige Zitat aus Lukas lautet so: »Fürchtet euch nicht! Ich bringe euch die größte Freude für alle Menschen: Heute ist für euch in der Stadt, in der schon David geboren wurde, der lang ersehnte Retter zur Welt gekommen. Es ist Christus, der Herr« (Lukas 2,10.11).

Nur die »wirkliche Liebe ... vertreibt die Angst« (1. Johannes 4,18). Doch natürlich ist nur die Liebe Gottes vollkommen, unsere ganz bestimmt nicht. Das ist kaum überraschend. Es ist nicht anders zu erwarten, als daß die Liebe des unendlichen Gottes vollkommen und unendlich viel stärker ist als die menschliche Liebe. Und trotzdem sind selbst Menschen in der Lage, jemanden trotz seiner Unvollkommenheit zu lieben. Sollte sich da die vollkommene Liebe des allmächtigen Gottes durch die Fehler, Schwächen und Unzulänglichkeiten – die endlichen Unvollkommenheiten – der Geschöpfe abhalten lassen, die er selbst erschaffen hat? Hoffen wir lieber, daß es nicht so ist. Denn wer von uns ist im Grunde besser als Charlie Brown?

Die gute Nachricht sagt uns: Habt keine Angst! Fürchtet euch nicht! Der letzte Ausgang ist für alle bereits gesichert. Er ist bereits entschieden. Uns ist ein Retter geboren, und durch diesen Retter sind wir mit Gott versöhnt. Aber was ist, wenn ich das Gefühl habe, ein praktisch wertloses menschliches Wesen zu sein – so wertlos, sagen wir, wie ein armseliger, jämmerlicher kleiner Sperling? Zur Zeit Jesu konnte man auf dem Markt zwei Sperlinge für ein paar Pfennige bekommen. Würden wir uns da als Sperling nicht armselig und verlassen vorkommen, etwa so:

Daß Snoopy Woodstock gern auf den Arm nimmt, ist bekannt. Vielleicht ist das der Grund, warum Snoopy in diesem Cartoon Jesu Worte nicht vollständig vorliest. Sonst hätte Woodstock gehört: »Verkauft man nicht fünf Spatzen für ein paar Pfennig? Und doch vergißt Gott nicht einen von ihnen« (Lukas 12,6). Und: »Seht euch die Vögel an: Sie säen nichts, sie ernten nichts und sammeln auch keine Vorräte. Euer Vater im Himmel versorgt sie« (Matthäus 6,26).

Fürchtet euch also nicht! Denn wir haben die Gewißheit, daß Gott selbst die Spatzen liebt, ein Symbol für die Niedrigsten der Niedrigen. Habt keine Angst! Denn wir wissen durch Jesus, daß unser himmlischer Vater nie eine Person erschaffen hat, die er nicht liebt – vollkommen. »In der Welt seid ihr in Bedrängnis«, sagt Jesus.

Viele Dinge sind wirklich ganz und gar zur falschen Zeit am falschen Ort. »Vertraut darauf: Ich habe die Welt besiegt« (Johannes 16,33). Christen sind bereits mit Gott versöhnt. Wir sind endlich außer Gefahr. Das ist Komödie. Und das ist auch der christliche Glaube. Zwei aus einem Stall.

Gottes Barmherzigkeit und Liebe

»Es heißt bei euch: ›Liebt eure Freunde und haßt eure Feinde!‹ Ich sage aber: Liebt eure Feinde und betet für alle, die euch hassen und verfolgen! Auf diese Weise handelt ihr nämlich als Kinder eures Vaters im Himmel. Denn er läßt seine Sonne für die Bösen wie für die Guten scheinen, und er läßt es regnen für Fromme und Gottlose. Wollt ihr etwa noch dafür belohnt werden, wenn ihr die liebt, die euch auch lieben? Das tun sogar die, die Gott verachten! Wenn ihr nur euren Freunden liebevoll begegnet, ist das etwas Besonderes? Das tun auch die, die von Gott nichts wissen. Ihr aber sollt vollkommen sein wie euer Vater im Himmel.«

Matthäus 5,43-48

Zum Glück für uns geht Gott nicht auf der Grundlage des Gesetzes mit uns um, sondern auf der Grundlage seiner Liebe. Es ist ein verbreitetes Mißverständnis über das Christentum, daß es eine Art Gesetz darstelle, sei es nun ein neues oder ein altes. Ein Gesetz sagt: »Es liegt an dir!«
Die christliche Botschaft sagt: »Es liegt an Gott und seiner Gnade.«

Ein Gesetz sagt: »Die Leute bekommen genau das, was sie verdienen!«

Die christliche Botschaft sagt: »Christus bekam, was wir verdient haben!«

Ein Gesetz sagt: »Folgt mir! Ich bin es.«

Der christliche Glaube sagt: »Folgt Christus! Er ist es!«

Paulus beschreibt den Unterschied zwischen diesen beiden Wegen zur Gerechtigkeit so: »Wer ... durch das Gesetz vor Gott bestehen will, für den gilt, was Mose geschrieben hat: Wer *alle* Forderungen des Gesetzes erfüllt, wird dadurch leben.« Doch, hält Paulus dagegen, »Christus hat das Gesetz erfüllt und damit die Herrschaft des Gesetzes beendet. Wer an ihn glaubt, wird von Gott angenommen« (Römer 10,5; 10,4).

Doch die Geschichte hat gezeigt, daß auch Christen sehr stark dazu neigen, selbst den Glauben an Christus in eine neue Art Gesetz oder »gutes Werk« zu verwandeln und so über den Glauben genau dasselbe zu sagen, was auch das Gesetz sagt: »Es liegt an dir!«

Das ist keine Überraschung. Es ist nur natürlich, daß Selbstgerechtigkeit populärer ist als Gottes Gerechtigkeit. Aber das bedeutet, daß heute wie zur Zeit Jesu die Wälder voller »Anwälte« stecken, die eine Beziehung zu Gott in erster Linie als eine Angelegenheit des Gesetzes und des Verdienstes oder als eine Gerechtigkeit sehen, die wir selbst hervorbringen können. Das führt dazu, daß das absolut Neue, das den Leuten aufgeht, wenn sie die echte gute Nachricht hören, oft im Ansatz steckenbleibt. Der Dichter W. H. Auden schrieb:

Solange das Selbst »Ich« sagen kann,
ist es unmöglich, nicht aufzubegehren;
Solange es eine zufällige Tugend gibt,
gibt es ein notwendiges Laster:
Und der Garten kann nicht existieren,
das Wunder kann nicht geschehen.[17]

Wenn also in der Kirche – wie an der Küste Frankreichs – nichts los ist, können wir leicht erraten, wer daran schuld ist:

Viel ist darüber geschrieben worden, wie gut sich Shakespeare in der Bibel auskannte und wie meisterhaft er sie gebrauchte. Eine der Stellen, an denen Shakespeare geschickt wesentliche Aussagen des Neuen Testaments aufgreift und ausdrückt, ist Porzias berühmter Monolog über die »Art der Gnade« im *Kaufmann von Venedig*. In dieser Rede sagt sie zu Shylock, der für das »Gericht« und das »Gesetz« steht, »daß nach dem Lauf des Rechtes unser keiner / zum Heile käm« (IV. Aufzug, I. Szene).

Wenn also die Erlösung letzten Endes strikt nach Gerechtigkeit oder Gesetzestreue ginge, wenn die Menschen genau das bekämen, was sie verdienten, dann wären wir alle verloren. Glücklicherweise geht Gott jedoch nicht so vor. Sonst würde Gottes Sonne der Erlösung keinen von uns jemals bescheinen.

Das ganze alttestamentliche Buch Jona ist ein köstlicher Spaß über jene selbstgerechten Leute (einschließlich Jona), die einfach ausrasten, wann immer sich zeigt, daß Gott nicht auf der Basis strikter Gesetzestreue mit den Menschen umgeht, so daß eine Menge nicht so ganz »gerechter« Leute viel besser wegkommen, als sie es verdienen.

In Jesu Gleichnis vom verlorenen Sohn (Lukas 15,11-32) ist es der ältere Bruder, der damit nicht zurechtkommt. Da empfängt sein alter Vater doch tatsächlich diesen jungen Taugenichts mit großem Bahnhof und Trara, während der ältere Bruder, der zu Hause geblieben war und genau das getan hatte, was von ihm erwartet wurde, praktisch ignoriert wird.

Und dann ist da das Gleichnis Jesu von den Arbeitern im Weinberg (Matthäus 20,1-16), in dem am Ende des Tages jeder Arbeiter genau den gleichen Lohn erhält, ob er nun den ganzen Tag in der sengenden Sonne geschuftet oder erst kurz vor Feierabend in der Abendkühle angetreten ist.

Unfair? Nach menschlichen Vorstellungen von Gesetz und Gerechtigkeit ja. Aber dahinter steckt eine Aussage. Und diese Aussage lautet: »Gott kann seine Versprechen jederzeit einlösen. Aber er hat Geduld mit euch und will nicht, daß auch nur einer von euch verlorengeht. Jeder soll Gelegenheit haben, vom falschen Weg umzukehren« (2. Petrus 3,9).

Gott ist ziemlich hartnäckig in seiner Barmherzigkeit. Dem Himmel sei Dank dafür! Dem Himmel sei Dank, daß Gottes Vergebung, seine Liebe, Gnade und Gerechtigkeit letztlich Sieger bleiben müssen, weil sie viel stärker sind als all unsere Sünde, unser Ungehorsam, unsere Dummheit und Selbstgerechtigkeit. Angesichts dieser hartnäckigen Barmherzigkeit Gottes gibt es immer noch einen Grund zum Lachen in dieser Welt.

Gott rechnet uns unsere Übertretungen nicht mehr an (2. Korinther 5,19). Das ist eine schlechte Nachricht für rechtschaffene Leute, aber für Sünder ist es eine gute Nachricht. Das heißt, es ist eine schlechte Nachricht für diejenigen, die auf ihre Rechtschaffenheit stolz sind, aber es ist eine gute Nachricht für alle, die wissen, daß sie Sünder sind. Wer glaubt, er oder sie sei fähig, sich selbst gerecht zu machen, wird wenig Verständnis für die Botschaft des Neuen Testaments haben. Und so konnte Jesus sagen: »Nicht die Gesunden brauchen den Arzt, sondern die Kranken. Ich bin gekommen, um die Sünder zu rufen, nicht die Gerechten« (Markus 2,17; siehe auch Matthäus 9,12.13; Lukas 5,31.32).

»Sieh nicht länger auf meine Schuld«, bittet der Psalmist, »vergib mir alle meine Sünden!« (Psalm 51,11). Und in einem anderen Psalm schreibt er: »Wenn du jedes Vergehen gnadenlos anrechnest, wer kann dann vor dir bestehen? Doch bei dir finden wir Vergebung. Ja, du vergibst, damit wir dir in Ehrfurcht begegnen« (Psalm 130,3.4).

Wir leben auf der Grundlage von *Gottes* Gerechtigkeit, nicht unserer eigenen. Und in gewissem Sinn ist Gottes Liebe blind. Gottes »Liebe deckt viele Sünden zu« (1. Petrus 4,8) – unsere Sünden. Als der Vater seinen verlorenen Sohn zu Hause willkommen heißt, sagt der ältere Sohn: »Wie kannst du das tun? Ich verstehe nicht, wie du ein so garstiges Gesicht küssen kannst.«

Und so ziemlich dasselbe, was Snoopy hier über Lippen sagt, sagte dieser Vater über die Liebe zu seinem Kind.

Diese Liebe, die Gott uns allen entgegenbringt und die durch Jesus ein für allemal offenbart wurde, hat eine tiefe Auswirkung auf das Verhalten derer, die diese Liebe erfahren und deshalb an sie glauben. Ihr letzter Maßstab ist nicht mehr irgendein geschriebener Gesetzeskodex; sie verfolgen in ihren kleinsten und größten Taten nur noch ein einfaches Ziel, nämlich die Liebe Gottes, die uns durch Christus zugesagt ist, bekannt zu machen. Gott hat »durch

Christus mit uns Frieden geschlossen ... Er hat uns beauftragt, diese Botschaft überall zu verkündigen« (2. Korinther 5,18).

Diese Botschaft ist im Grunde der Dienstauftrag eines jeden Christen. Mit all ihren Worten und Taten stehen Christen in dieser einen Mission: so vielen Menschen wie möglich von dieser Liebe Gottes, die uns durch Christus gezeigt wurde, zu erzählen. Und diese Liebe gilt, wie Jesus es von der Sonne und vom Regen sagte, den Guten wie den Schlechten, den Unschuldigen wie den Bösen. Gottes Gnade, sagt Porzia, wiederum in Anklang an die Worte Jesu, »träufelt, wie des Himmels milder Regen, / zur Erde unter ihr«. Deshalb müssen auch wir versuchen, auf diese Weise zu lieben. »Ihr aber sollt so vollkommen sein wie euer Vater im Himmel.«

Der Gott, der mit unseren Sünden aufräumte

> »Wir hatten uns alle verirrt wie Schafe,
> jeder ging für sich seinen Weg.
> Doch der Herr lud auf ihn
> die Schuld von uns allen.«
>
> Jesaja 53,6

Das Werk Jesu war im Grunde ein Offenbarungswerk: Er kam, um uns den Vater und die Einstellung des Vaters zu uns zu offenbaren – ihn uns bekannt zu machen, uns Gewißheit darüber zu bringen. Und so konnte Jesus sagen: »Ich bin das Licht für die Welt« (Johannes 8,12; 9,5). Und auch: »Wer mich gesehen hat, der hat auch den Vater gesehen« (Johannes 14,9).

Ebenso: »Gerechter Vater, wenn die Welt dich auch nicht kennt, ich kenne dich, und diese hier haben erkannt, daß du mich gesandt hast. Ich habe ihnen gezeigt, wer du bist. Das werde ich auch weiterhin tun, damit deine Liebe zu mir auch sie erfüllt, ja damit ich selbst in ihnen lebe« (Johannes 17,25-26).

Aber in welcher Weise offenbart Jesus uns den Vater? Welches sind die wichtigsten Aspekte, durch die jene durch Christus offenbarte Erkenntnis des Vaters gesichert wird?

Das Neue Testament sieht alles, was es an Jesus sieht, »rückwärts«. Das heißt, seine ganze Sicht Jesu ist von der Perspektive der Auferstehung her bestimmt. Für die ersten Christen war die Auferstehung das unmißverständliche, sichtbare Siegel oder die Bestätigung dafür, mit *wem* sie es in Jesus zu tun gehabt hatten. Es war ihnen nicht länger möglich, Jesus nur als einen von vielen Propheten, religiösen Genies, charismatischen Persönlichkeiten oder großen politischen Führern zu sehen. Bei diesem Menschen hatten sie es tatsächlich mit Gott zu tun gehabt. Daß sie es in Wirklichkeit mit Gottes einzigem »eingeborenen« Sohn zu tun gehabt hatten, ist nur eine andere Möglichkeit, dasselbe zu sagen. »Ich und der Vater sind eins«, wie Jesus es ausdrückte.

Es war in erster Linie die Auferstehung, die den ersten Christen die überwältigende Gewißheit gab, daß Jesus in der Tat der Christus war, der lang erwartete Messias, Gottes endgültige Selbstoffenbarung. Es ist nur logisch, daß diese Leute infolgedessen Christen genannt wurden.

Aber wenn die Auferstehung den ursprünglichen Christen verriet, *wer* Jesus war, was war es dann im Leben Jesu, mehr als jede andere Einzelheit, das ihnen verriet, was ihnen durch Jesus und/oder Gott offenbart worden war? Antwort: die Kreuzigung. Denn von der Kreuzigung aus blickten die Christen wiederum zurück, besonders zurück zum Propheten Jesaja.

Meiner Einschätzung nach ist Jesaja 53,6 der wichtigste einzelne Vers im Neuen Testament. Das mag merkwürdig klingen, da ja Jesaja ein alttestamentliches Buch ist und Jesaja 53,6 nirgendwo im Neuen Testament wörtlich zitiert wird. Aber für eine gewisse Zeit in der frühesten Geschichte der Kirche hatten die Christen keine andere »Heilige Schrift« als das Alte Testament. Und absolut entscheidend für den Glauben dieser Kirche war, daß sie die Kreuzigung Christi als Erfüllung der Prophezeiung des Jesaja verstand: »Wir hatten uns alle verirrt wie Schafe, jeder ging für sich seinen Weg. Doch der Herr lud auf ihn die Schuld von uns allen.«

Achten wir auf das wunderbare Gleichgewicht dieses Verses; er beginnt mit »wir alle« und endet mit »uns allen« – das »wir alle« unseres Anfangs und das »uns allen« unseres Endes. Und achten wir darauf, wie Paulus dasselbe Gleichgewicht in ähnlichen, eigenen Aussagen wiedergibt; Aussagen, die zweifellos vor dem Hintergrund der Prophezeiung Jesajas zu sehen sind:

»Alle sind Sünder und haben nichts aufzuweisen, was Gott gefallen könnte. Aber was keiner sich verdienen kann, schenkt Gott in seiner Güte: Er nimmt uns an, weil Christus uns erlöst hat« (Römer 3,23.24).

»Es steht also fest: Durch die Sünde eines Menschen – Adam – sind alle Menschen in Tod oder Verderben geraten. Aber durch die Erlösungstat eines Menschen – Christus – haben alle die Chance zu einem neuen Leben mit Gott« (Römer 5,18).

»Denn Gott hat alle Menschen ... ihrem Unglauben überlassen, weil er allen seine Barmherzigkeit schenken will ... Denn alles, aber auch wirklich alles ist von ihm, dem Schöpfer, ausgegangen, besteht durch ihn, und er wird alles vollenden« (Römer 11,32.36).

»Wir sind Nachkommen Adams und müssen alle sterben. Doch alle, die Christus nachfolgen, werden durch ihn zu neuem Leben auferweckt« (1. Korinther 15,22).

Dieselbe symmetrische Beziehung findet sich in der Aussage Jesu: »›Jetzt kommt es zum Urteil über diese Welt; jetzt wird der Satan, der Herrscher dieser Welt, entmachtet. Wenn ich aber erhöht sein werde, will ich alle zu mir ziehen.‹ Auf diese Weise deutete Jesus seinen Kreuzestod an« (Johannes 12,31.32).

Und auf welche Weise starb Jesus? Auf eine Weise, durch die wir »alle« gesegnet wurden, wie Jesaja es vorausgesagt hatte.

Wenn sich also die frühen Christen an die ausgestreckten Arme Jesu am Kreuz erinnerten, wußten sie, daß diese Arme keinen Mangel an Wissen zu bedeuten hatten wie zum Beispiel die aufwärts gereckten Arme eines Wüstenkaktus; sie wußten, diese Arme sollten die alles umarmende Liebe Gottes zu seinen Kindern zeigen – und zu allen anderen Geschöpfen ebenso.

»*Jetzt* wird Gericht gehalten über diese Welt«, sagte Jesus vor seiner Kreuzigung. Das heißt, das zukünftige Gericht, das man uns so lange und so oft auf falsche Weise zu fürchten gelehrt hat, hat in der Kreuzigung bereits stattgefunden. Über diese ganze Welt wurde Gericht gehalten, und sie ist für schuldig befunden worden. Doch durch eine dramatische Wendung über alle Hoffnung hinaus hat Jesus dieses Gericht für uns getragen, als er sich kreuzigen ließ: »Doch der Herr lud auf ihn die Schuld von uns allen.«

In der Kreuzigung tritt Gott ein für allemal den Beweis für seine bedingungslose und überwindende Liebe an – er läßt sich buchstäblich darauf festnageln. Darum kann Paulus sagen:
»Alles im Himmel und auf der Erde sollte durch Christus mit Gott wieder versöhnt werden und Frieden mit ihm finden. Das ist geschehen, als er am Kreuz sein Blut vergoß« (Kolosser 1,20).

Und darum kann Johannes sagen:
»Meine geliebten Kinder, ich schreibe euch, damit ihr nicht länger sündigt. Sollte aber doch einer Schuld auf sich laden, dann haben wir ei-

nen, der selbst ohne jede Sünde ist und beim Vater für uns Sünder eintritt: Jesus Christus. Denn Christus hat unsere Sünden, ja die Sünden der ganzen Welt auf sich genommen; er hat sie gesühnt« (1. Johannes 2,1.2).

Und darum kann der Verfasser des Hebräerbriefes sagen:

»Aber wir sehen, daß Gott seinen Sohn Jesus Christus, der für eine kurze Zeit niedriger war als die Engel, mit Ruhm und Ehre gekrönt hat. Dies war der Lohn für sein Sterben am Kreuz. Denn Gott hatte in seiner großen Liebe beschlossen, daß Christus für uns alle den Tod erleiden sollte« (Hebräer 2,9).

Ein französisches Sprichwort sagt: »Alles verstehen heißt alles verzeihen.«
Wer auch immer das ursprünglich geäußert haben mag, der Gedanke selbst ist – wie so viele traditionelle Weisheiten – leicht in der Bibel wiederzufinden. Der Psalmist zum Beispiel ist sich der Verzeihung und Vergebung Gottes völlig sicher:

»Der dir all deine Schuld vergibt ...
und dich mit Huld und Erbarmen krönt ...
Der Herr ist barmherzig und gnädig,
langmütig und reich an Güte.
Er wird nicht immer zürnen,
nicht ewig im Groll verharren.
Er handelt an uns nicht nach unsern Sünden
und vergilt uns nicht nach unserer Schuld.«
Psalm 103,3.4.8-10

Und warum ist der Herr so barmherzig? Weil er versteht. »Denn er weiß, was wir für Gebilde sind; er denkt daran: Wir sind nur Staub« (Psalm 103,14).
Als Jesus gekreuzigt wurde, drückte er vollkommen die Vergebung auf Grund von Verstehen aus, als er sagte: »Vater, vergib ihnen, denn sie wissen nicht, was sie tun« (Lukas 23,34). Zu unserem Glück verstehen Gott und/oder Christus uns alle viel besser, als

wir uns jemals selbst verstehen könnten. Und auch Salomo in seiner gottgegebenen Weisheit wußte, daß Verstehen und Vergeben eins sind.

Doch abgesehen von dieser Fürbitte drückt Jesu Kreuzigung sein Verständnis für uns alle noch auf andere Weise aus: Er nimmt unsere Sünden in Gestalt des Kreuzes auf sich, er hebt sie von uns, trägt sie buchstäblich davon.

In unserer Not suchen wir oft nach jemandem, der weiß, wie es ist, wenn man sich wie ein Narr vorkommt, wenn man gedemütigt, entehrt, geschlagen und erniedrigt wird: jemandem, der dasselbe durchgemacht hat, dessen Arme ausgestreckt sind wie am Kreuz. Und normalerweise ist so jemand nicht schwer zu finden.

Aber es gibt einen anderen, der durch diese Erfahrung gegangen ist, um uns aus ihr herauszuführen. Und dieser eine ist letzten Endes der einzige, der stark genug ist, all unsere Lasten emporzuheben und davonzutragen. Wenn wir zu dem mächtigen Thema der Bibel zurückkehren und uns anschauen, wie sie diesen Gedanken ausdrückt, finden wir: »Denn Gott hat Christus, der ohne jede Sünde war, mit all unserer Schuld beladen und verurteilt, damit wir von dieser Schuld frei sind und Menschen werden, die Gott gefallen« (2. Korinther 5,21). Oder noch einmal Jesaja 53:

Aber er hat unsere Krankheit getragen
und unsere Schmerzen auf sich geladen. ...
Er wurde durchbohrt wegen unserer Verbrechen,
wegen unsrer Sünden zermalmt.
Zu unserem Heil lag die Strafe auf ihm,
durch seine Wunden sind wir geheilt. ...
Mein Knecht, der gerechte,
macht die vielen gerecht;
er lädt ihre Schuld auf sich. ...
Weil er sein Leben dem Tod preisgab
und sich unter die Verbrecher rechnen ließ.
Denn er trug die Sünden von vielen
und trat für die Schuldigen ein.

Jesaja 53,4.5.11.12

Durch die Kreuzigung hat Gott uns unmißverständlich gezeigt, daß er nicht nur unsere Sünden versteht, sondern sich auch unter sie stellt und sie vergibt. Als Johannes der Täufer Jesus zum ersten Mal sah, wußte er, daß Jesus der verheißene Retter war, nach dem sich alle gesehnt hatten – und heute noch sehnen. Und in diesem Augenblick drückte Johannes ganz schlicht das aus, was uns durch die Kreuzigung Jesu offenbart wurde: »Seht, das ist Gottes Opferlamm, das die Sünde aller Menschen hinwegtragen wird« (Johannes 1,29).

Jesus, der einzige Retter der Welt

»Mein Vater hat mir alle Macht gegeben. Nur der Vater kennt den Sohn. Und kein Mensch außer dem Sohn kennt den Vater – es sei denn, der Sohn zeigt ihm den Vater.« Matthäus 11,27

Von Anfang an gehörte es zum Dasein des jüdischen Volkes, daß es sich nach dem universell Wahren sehnte, es suchte und es leidenschaftlich erkennen wollte – die absolute Wahrheit. Sie wollten den Dingen bis auf den letzten Grund gehen. Oder, um es religiös auszudrücken, sie wollten Gott kennen. Will das nicht jeder? Sicher, aber es ist ein beschwerliches Streben, dem nicht jeder gewachsen ist.

Die Ernsthaftigkeit dieses Strebens machte die Juden fähig zu erkennen: Wenn sie Gott tatsächlich fänden, dann müßte er der *einzige* Gott sein, sonst wäre er nicht wirklich Gott. Gott, oder »die Wahrheit«, müßte universell wahr sein, sonst wäre er definitionsgemäß nicht Gott oder »die Wahrheit«, sondern etwas Stückhaftes, das von etwas anderem begrenzt wäre. Gott muß für alle wahr sein, sonst ist er überhaupt nicht Gott. Definitionsgemäß ist Gott *einer*; und deshalb muß er auch der *einzige* Gott sein.

Und als dann die Juden allmählich Gott zu finden begannen (oder genauer gesagt, als Gott sich den Juden zu zeigen begann), war das erste, dessen sie sich absolut sicher waren, dies: »Höre, Israel! Gott allein ist Herr. Neben ihm gibt es keinen Gott« (5. Mose 6,4; vgl. Markus 12,29).

So begann Israels ganze Beziehung zu Gott mit dem Gebot, daran zu denken, daß dieser Gott, eben weil er Gott war, der *einzige* Gott war: »Du sollst neben mir keine anderen Götter haben« (5. Mose 5,7). Oder, wie einer der Schriftgelehrten zu Jesus sagte: »Meister, du hast recht. Es gibt nur einen Gott und keinen anderen neben ihm« (Markus 12,32).

Doch es dauerte nicht lange, bis die Juden anfingen, mehr über Gott wissen zu wollen. Gott schien ihnen immer noch fern und ziemlich verschwiegen zu sein und seinen Anhängern nicht annähernd so viel über ihn zu sagen zu geben, wie sie gerne über ihn gesagt hätten. »Gott ist im Himmel, du bist auf der Erde, also mach wenig Worte!« sagte der Prediger – typisch für die Schreiber des Alten Testamentes jener Zeit, um die Ferne Gottes zu beschreiben (Prediger 5,1). Es gab immer noch viele wichtige Dinge, die erst einmal geklärt werden mußten.[18]

Infolgedessen nahm Israels Sehnsucht nach Gott bald eine neue Dimension an. Nicht, daß das Volk nach einem neuen Gott gesucht hätte, aber es machte sich die Hoffnung, daß dieser eine und einzige Gott die scheinbar riesige Distanz zwischen sich und dem Volk beseitigen würde. Und schließlich dämmerte ihnen eine atemberaubende Erwartung: Gott würde sich zeigen – persönlich, historisch, in Fleisch und Blut.

Die große Distanz zwischen Gott und seinem Volk würde Vergangenheit sein; Gott würde zu den Seinen kommen und unter ihnen wohnen (Johannes 1,11.14). Dann würde Gott nichts Abstraktes, Allgemeines, weit Entrücktes und ziemlich Unpersönliches an sich haben, sondern er würde konkret sein, faßbar und spezifisch, bodenständig, ein wirkliches menschliches Wesen aus Fleisch und Blut. Gott würde nicht mehr von Geheimnissen umgeben sein; sie würden mit ihm gehen und reden können, mit ihm diskutieren, sich von ihm Dinge erklären lassen, ja sogar seine Hand schütteln, wenn sie wollten.[19]

»Wüßte ich doch, wie ich ihn finden könnte«, rief Hiob und drückte so diese leidenschaftliche neue Hoffnung und Erwartung in Israel aus (Hiob 23,3). In dieser Person würde Gott immer noch der eine und einzige Gott sein, nicht ein anderer Gott oder ein zweiter Gott. Gott würde einfach Gott sein – aber er würde den Menschen viel näher kommen: Er würde der »Messias« oder der »Christus« sein. Oder, falls es jemandem schwer fallen sollte, sich Gott und einen Menschen als ein und denselben zu denken, er würde Gottes »einziger Sohn« sein (Johannes 3,16).

Sie wußten also, wonach sie suchten, und sie warteten. Und weil es eine *Person* war, auf die sie warteten, warteten sie auch darauf, den *Namen* dieser Person zu erfahren. Israels Messias-Erwartung funktionierte also etwa so:

Das ist der Grund, warum im ganzen Neuen Testament soviel Wert auf den »Namen Jesus« gelegt wird. Nicht nur, weil in der Bedeutung dieses Namens Gottes Liebe und das, was er bereits getan hat, zum Ausdruck kommt: »... den sollst du Jesus nennen, das heißt Retter. Denn er wird sein Volk von den Sünden befreien« (Matthäus 1,21). Sondern die Leute würden auch, indem sie diesen Namen kennenlernen, auf eine Weise mit Gott in Kontakt kommen, wie sie es noch nie zuvor erlebt haben. Indem sie den Namen kannten, der für diesen Menschen stand, verfügten sie nun über einen direkten Draht zu Gott. »Es gibt nur einen einzigen Gott und nur einen Einzigen, der zwischen Gott und den Menschen vermittelt und Frieden schafft. Das ist der Mensch Jesus Christus« (1. Timotheus 2,5).

Doch Jesus war auch »selbst Gott«. Von nun an war also Jesus, der Gott-Mensch, die absolut entscheidende Verbindung zwischen Gott und den Menschen. Wenn einer diesen Namen und den Menschen, für den er stand, kannte, dann war das von nun an so, als hätte er Gottes private Telefonnummer. Seither wissen wir, wo wir ihn finden können; wir können mit ihm reden und hören, was er uns zu sagen hat.

Wenn wir diesen Namen und die Person, für die er steht, nicht kennen, dann ist das so, als suchten wir unser Leben lang an den falschen Stellen nach der großen Liebe unseres Lebens, oder als wählten wir ständig falsche Telefonnummern.

Oft hört man Leute über »das Wort Gottes« reden, und damit meinen sie normalerweise die Bibel. Doch nach der Bibel wurde das Wort Gottes nicht zu 773.893 Wörtern. Es wurde nicht zu Tinte und Papier. »Und das Wort ist Fleisch geworden und hat unter uns gewohnt« (Johannes 1,14). Genau genommen ist also das eine, einzige Wort Gottes gleich dem einen, einzigen Namen, durch den dieser eine, einzige Mensch identifiziert und charakterisiert wird: *Jesus*.

Für die ersten Christen war diese Einzigartigkeit Jesu ein wesentlicher Bestandteil der guten Nachricht. Sie bedeutete, daß sie »den Messias gefunden« hatten (Johannes 1,41). Es bedeutete, daß der eine und einzige Gott – der ferne, abstrakte Gott – sich endlich als der eine und einzige historische, konkrete Gott aus Fleisch und Blut gezeigt hatte.

Doch seit jener Zeit ist diese »Einzigartigkeit« oder Exklusivität vielen Leuten ein Anstoß geworden. Darum fügte Jesus, als er sich zum ersten Mal dazu bekannte, der zu sein, »der kommen soll«, hinzu: »Glücklich ist jeder, der nicht an mir zweifelt« (Lukas 7,19.23).

Schon Jesaja hatte vorausgesagt, daß viele sich an diesem »Grundstein« stoßen würden (Jesaja 28,16; Römer 9,33). Wann immer jemand in dieser Welt eine klare Aussage über irgend etwas macht, wird man ihm widersprechen. Aber am wenigsten sollten wir uns wundern, wenn Leute wie vom Donner gerührt sind, wenn sie Aussagen wie diese zu hören bekommen:

»Jesus ist der Eckstein, von dem in der Heiligen Schrift gesprochen wird und den ihr Bauleute als unbrauchbar weggeworfen habt. Er aber trägt nun den ganzen Bau. Nur Jesus kann den Menschen Rettung bringen. Nichts und niemand sonst auf der Welt rettet sie.«

Apostelgeschichte 4,11.12

Jesus ist »der Retter der Welt« (Johannes 4,42; 1. Johannes 4,14) – der ganzen Welt. Er ist der Retter, der »will, daß alle Menschen gerettet werden und zur Erkenntnis der Wahrheit gelangen« (1. Timotheus 2,4). Und deshalb wird das auch geschehen. Woher wissen wir aber inzwischen, daß das stimmt? Nur durch den Glauben an Jesus. Karl Barth drückte es so aus:

»Man muß wohl jene beiden Dinge sehen: die Einzigartigkeit Christi und seine Bedeutung für die ganze Welt. Konzentration und Universalismus der Gnade! Hier in Jesus Christus ist die Gnade, aber es ist Gnade für jedermann, weil es ja Gnade ist.«[20]

Jesus ist also *der eine und einzige Retter der Welt*. Er ist der notwendige, konkrete erste Schritt zu dieser totalen, universellen Versöhnung, der Schritt, auf dessen Grundlage die Versöhnung im Leben von Menschen jetzt schon begonnen hat. Aber freilich ist bei jeder Versöhnung der erste Schritt immer der schwerste.

Letzten Endes ist der christliche Glaube in der historischen Gestalt Jesu verankert (Hebräer 6,19), »verwurzelt« und »gegründet« (Epheser 3,17). Wäre Jesus nicht der, der er ist – nämlich der eine und einzige Sohn Gottes – so wäre das, was er sagte und tat, das ganze Leben und Werk Jesu, der Christen und der Kirchen und Gemeinden letzten Endes grundlos, wurzellos, ohne Fundament, ohne bleibende Kraft und Vollmacht.

Ohne diesen festen historischen Anker der Menschwerdung Gottes, ohne daß tatsächlich »*Gott in Christus* die Welt mit sich versöhnt« hätte, wäre der christliche Glaube und all seine versöhnenden Aktivitäten längst fortgeblasen und verschwunden wie Woodstock ohne seinen Anker, und Anker sind – nach Hebräer 6,19 –, ein traditionelles Symbol für Jesus.

Natürlich reagieren die Leute auf allerlei verschiedene Weise, wenn sie mit diesem harten, historischen Kern des christlichen Glaubens, der Menschwerdung Gottes in Christus, zusammenstoßen. Manche wenden sich ganz und gar vom christlichen Glauben ab. Oder, wenn sie aus irgendeinem Grund das Wort »christlich« auf ihren Glauben anwenden wollen, wie auch immer er aussehen mag, deuten sie vielleicht die Bedeutung des christlichen Glaubens um, indem sie ihren wesentlichen Gehalt der Göttlichkeit Jesu verwässern. Auf mehr oder weniger subtile Weise benutzen sie Jesus nur als Symbol, als Personifizierung oder als »ideales Vorbild« für

93

das, worauf immer sie in Wirklichkeit den größten Wert legen. Das ist die uralte Irrlehre des Doketismus: Der historische Jesus *scheint* nur das Ziel des Glaubens zu sein.

Aber woran liegt es, daß Jesus für so viele Leute zu einem lebendigen Stein wird, »an dem sich die Menschen stoßen, ja der sie zu Fall bringt« (1. Petrus 2,8)? Ich denke, es liegt normalerweise daran, daß solche Leute Gott noch nicht genug *brauchen*. Wenn das Bedürfnis von Menschen nach Gott bewußt und ernsthaft genug wird, dann werden sie mit der Klarheit der Verzweiflung erkennen, daß Gott, wenn er wirklich Gott ist, der eine und einzige Gott sein muß.

Dieses Bedürfnis wird sie auch, wie die alten Juden, zu der Hoffnung zwingen, daß Gott sich als eine einzigartige, historische Person aus Fleisch und Blut zeigen möge, die zu uns kommt und uns liebt – und daß diese Person dennoch der eine und einzige Gott bleiben wird. Nur wenn das Bedürfnis nach Gott stark genug wird, kann der Stolperstein zu einem Grundstein werden. Nur wer hungrig und durstig genug ist, kann *wirklich* in diesem Sinne das Fleisch und Blut Jesu schlucken, wie wir es nach Jesu Worten tun müssen (Johannes 6,53–56).

Der christliche Glaube ist einfach die Überzeugung in der Tiefe des menschlichen Herzens, daß Jesus dieser Gott ist – daß »Jesus der Christus« ist (siehe Matthäus 16,16; Johannes 11,27; Apostelgeschichte 5,42), drückt nur dasselbe mit anderen Worten aus. Niemand ist gezwungen, das zu glauben. Wie könnte auch eine menschliche Macht einem anderen Menschen diesen Glauben aufzwingen? Aber wenn wir nicht wenigstens das glauben, dann hat es gewiß keinen Sinn, unseren Glauben »christlich« zu nennen. Denn letzten Endes würden wir etwas anderes anbeten. Letzten Endes wäre unser Glaube etwas anderes als ein in Jesus gegründeter, auf Christus ausgerichteter Glaube. Warum sollten wir ihn also »christlich« nennen?

Der Geist der Liebe – und wie wir ihn kennenlernen

»Jesus beantwortete ihre Frage: Was ich euch sage, sind nicht meine eigenen Gedanken. Es sind Gottes Worte. Wer von euch bereit ist, Gottes Willen zu tun, der wird erkennen, ob diese Worte von Gott kommen oder ob es meine eigenen Gedanken sind.«   Johannes 7,16.17

Dostojewski schreibt: »Die Hölle ist das Leiden daran, zur Liebe unfähig zu sein.«[21]

Wenn wir andererseits die Hölle als das definieren, was schlimmer ist als alles andere, könnte Charlie Brown sagen, die Hölle sei es, nicht geliebt zu werden – oder zumindest, sich nicht geliebt zu *fühlen,* denn das ist es offensichtlich, was Charlie Brown fühlt. »Es gibt nichts Schlimmeres, als nicht geliebt zu werden«, behauptet er, egal, was Luzie oder Dostojewski sagen.

Im Grunde seines Herzens sucht jeder nach Liebe. Und weil Gott selbst die Liebe ist (1. Johannes 4,8.16), heißt das im Grunde nichts anderes, als daß jeder nach Gott sucht. Augustinus gab eine der grundlegendsten Überzeugungen der Bibel völlig getreu wieder, als er sagte: »Denn zu dir hin hast du uns geschaffen, und unruhig ist unser Herz, bis es ruhet in dir.«

Das ist es, was uns die biblische Lehre von der »Erbsünde« vermitteln sollte: daß unsere Herzen für Gott gemacht sind und daß sie leer, ruhelos und unbefriedigt bleiben werden, bis Gott von außen einkehrt und sie mit seiner liebevollen Gegenwart füllt. Was wir zutiefst brauchen, um erfüllt zu sein, haben wir nicht von Natur aus in uns selbst. Nur Gott selbst, der von außen in uns hineinkommt, kann das bewirken. Niemand und nichts anderes kann den Leerraum in uns füllen, den Gott für sich vorbehalten hat.

Und so kann Paulus im Blick auf alle Menschen sagen: »Ich weiß, daß in mir, das heißt, in meinem Fleisch, nichts Gutes wohnt; das Wollen ist bei mir vorhanden, aber ich vermag das Gute nicht zu verwirklichen« (Römer 7,18).

Das Letzte, was irgend jemand aus der Bibel entnehmen könnte, sind die Evangelien der *Selbst*achtung, des *Selbst*vertrauens und der *Selbst*verwirklichung. Das werden immer attraktive und rührende menschliche Träume sein. Aber die Bibel legt einen unübertroffenen Realismus bezüglich der menschlichen Natur an den Tag, wenn sie immer wieder betont, daß die Liebe, die Achtung, das Vertrauen und die Verwirklichung, nach denen wir uns alle sehnen, letzten Endes von Gott kommen müssen, nicht von uns. Dietrich Bonhoeffer, auch ein theologisches Vorbild von mir, hat diese menschliche Situation in bezug auf das mächtige Thema der Bibel so beschrieben:

»Daß Gott die Welt in Christus geliebt und mit sich versöhnt hat, ist die zentrale Verkündigung des Neuen Testaments. In ihr ist vorausgesetzt, daß die Welt der Versöhnung bedürftig, doch von sich aus nicht fähig ist.«[22]

In einer solchen Situation werden wir uns immer wünschen, wir wären selbst Gott. Aber das ist völlig unmöglich!

Wie wirkt sich diese unsere Situation im praktischen Leben aus? Durch Götzendienst – oder »Sünde«. Und was ist Götzendienst – oder Sünde? Aus christlicher Sicht weist gerade das Wort »Christ« selbst darauf hin, wann wir es mit Götzendienst (oder Sünde) zu tun haben: wenn irgend jemand oder irgend etwas anderes als Christus die zentrale Rolle im Leben eines Menschen spielt. Ein Götze, mit dem wir unsere nach Gott hungernden Herzen zu befriedigen versuchen, ist alles andere als Christus, wie ihn uns die Bibel schildert. Ob wir diese grundlegende, ursprüngliche Leere nun als Einsamkeit, Liebesbedürfnis oder als eine Art vagen spirituellen Durst empfinden, der christliche Glaube behauptet, daß nur Christus sie heilen oder füllen kann. Christus selbst ist der Schlüssel, der allein in die verriegelten Schlösser unserer Herzen paßt und sie öffnen kann. Alles andere wäre ein Götze und wird letzten Endes die Leere nicht füllen.

Meistens ist unsere Lebensmitte nicht Christus, sondern ein anderes Selbst – nämlich wir selbst. Und was ist das Ergebnis dieses Götzendienstes? Das Ergebnis des Götzendienstes – oder »der Sünde Sold« – ist der Tod (Römer 6,23). Und damit ist ein Tod *bei lebendigem Leibe* gemeint, eine »Hölle«, in der man versucht zu leben, ohne daß Gott in der Person des Heiligen Geistes in uns lebt. Liebe verlangt nach Nähe. Und deshalb war das Verlangen des Volkes Israel nach dem Kommen des Messias im Grunde ein Verlangen danach, daß Gott selbst, die Liebe, ihnen näher käme, aus den Wolken herabstiege und Fleisch würde, ein wirkliches, lebendiges, historisches menschliches Wesen würde. Und so ist Gott, die Liebe, das Wort in diesem Menschen Jesus »Fleisch geworden und hat unter uns gelebt« (Johannes 1,14). Darum wurde Jesus auch »Immanuel« genannt – das heißt »Gott mit uns« (Jesaja 7,14).

Gott war bei uns, doch dann verließ er uns wieder. Das heißt, Gott in der Person Jesu verließ uns. »Auch wenn wir Christus gekannt haben nach dem Fleisch, so kennen wir ihn doch jetzt so nicht mehr«, wie Paulus sagte (2. Korinther 5,16). Unsere Frage an Gott, nachdem Gottes Besuch bei uns in Jesus Vergangenheit ist, lautet also: »Wie geht es jetzt weiter?«

Und die gute Nachricht ist, daß Gott der Vater uns durch seinen Sohn sogar noch näher gekommen ist – so nahe, wie es nur möglich ist. Denn jetzt kommt er in der Person seines Geistes zu uns – ja, sogar in uns hinein. Auch hier wird Gott nicht zu einem neuen Gott oder zu einem dritten Gott. Er hat lediglich die Kluft zwischen sich und uns vollständig überbrückt. Gott, der himmlische Vater, wurde zu Gott, dem bodenständigen, historischen Sohn, durch den wir jetzt Gottes eigenen, herzerfüllenden Geist kennenlernen können.

Falls es jemand nicht bemerkt haben sollte, wir reden hier von der sogenannten »Heiligen Dreieinigkeit«. Die Dreieinigkeit ist einfach Gottes dreifacher Weg, um den Mangel an echtem Verständnis zwischen ihm und der Menschheit zu überwinden, einen Mangel an Verständnis, der viel schlimmer ist als selbst in den folgenden Beispielen:

Niemand sollte versuchen, ohne den Geist Gottes zu leben. Aus biblischer Sicht ist es sogar so, daß Leute ohne den Geist Gottes im Grunde *gar nicht lebendig sind!* Deshalb sagte Jesus zu dem Mann, der erst noch seinen Vater begraben wollte, bevor er Jesus nachfolgte: »Folge mir nach; laß die Toten ihre Toten begraben!« (Matthäus 8,22). Die Frucht des Geistes dagegen ist »Liebe, Freude, Friede, Geduld, Freundlichkeit, Güte, Treue, Besonnenheit und Selbstbeherrschung« (Galater 5,22). Wer wollte ohne diese Eigenschaften leben? Unsere Frage ist also: Wie lernen wir diesen Geist kennen?

Die Antwort ist einfach. Sie ist in den drei Worten Jesu enthalten, die wir gerade zitiert haben: »Folge mir nach!«

Das heißt an Jesus zu glauben. Es bedeutet, ihm zu gehorchen. Wie lautet der Befehl? Wieder sehr einfach: daß »alle, die durch Christi Tod das Leben geschenkt bekamen, nicht länger für sich selbst leben. Ihr Leben soll jetzt Christus gehören, der für sie gestorben und auferstanden ist« (2. Korinther 5,15).

Was heißt das? Es heißt, daß wir für das eine Ziel leben, die Liebe Gottes bekannt zu machen, die uns durch Christus gezeigt wurde. Unser aller Leben legt Zeugnis von dem ab oder weist auf das hin, was unsere zentrale Wertvorstellung oder unser größtes Anliegen ist, ob dieses Anliegen nun wir selbst oder etwas oder jemand außerhalb von uns selbst ist.

Ein Christ ist ein Mensch, dessen Leben in erster Linie ein dauernder, bewußter Versuch ist, auf Christus als das für alle wahre und notwendige Zentrum des Lebens hinzuweisen. Das ist der Grund, warum man die Christen »Christen« nennt. Die ganze Arbeit eines christlichen Mannes oder einer christlichen Frau, sagt Luther, läßt sich so zusammenfassen: »Auf diesen Menschen [Christus] sollst du zeigen und sagen: ›Hier ist Gott.‹«[23]

Wem folgen, gehorchen und vertrauen wir also, wenn es letztlich um Charlie Browns Frage geht: Auf wen zeige ich?

Wenn unser Leben auf Christus zeigt, wenn wir ihm in diesem Sinne »nachfolgen«, dann wird etwas mit uns geschehen. Nicht vorher. Der Geist Gottes wird in uns hineinkommen und diesen ersten Schritt, den wir getan haben, bestätigen. Erst »Kommt alle zu mir«, und dann »Ich werde euch Ruhe verschaffen« (Matthäus 11,28). Die Freude, der Geist, kommt *durch den Gehorsam, durch das Geben*.

Wenn wir diesen Schritt zum ersten Mal tun, ist es natürlich ein reiner Glaubenssprung ins Unbekannte. Denn wie können wir schon einen Geist der Liebe ausleben, der erst dadurch zu uns kommt, daß wir ihn ausleben? In diesem Fall gilt: »Nehmt eine Tugend an, die ihr nicht habt«, um Shakespeares Worte zu gebrauchen (*Hamlet,* dritter Aufzug, vierte Szene). Das heißt, wir gehen davon aus, daß diese Botschaft wahr ist, und wir *handeln* danach.

»Wenn ihr das eingesehen habt, dann handelt danach, und Gott wird euch segnen«, wie Jesus sagte (Johannes 13,17). Denn nach diesem ersten Handeln kommt es zu einer Geburt und einem beginnenden Wachstum einer echten Überzeugung aus tiefstem Herzen hinter unserem Ausleben der Liebe Gottes. Das, was ich hier auszudrücken versuche, ist freilich von Jesus schon längst unendlich viel besser gesagt worden:

»Wer meine Gebote annimmt und danach lebt, der liebt mich. Und wer mich liebt, den wird mein Vater lieben. Auch ich werde ihn lieben und mich ihm zu erkennen geben ... Wenn jemand mich liebt, wird er an meinem Wort festhalten; mein Vater wird ihn lieben, und wir werden zu ihm kommen und bei ihm wohnen.«　　Johannes 14,21.23

Erst kommt der Gehorsam, dann die Offenbarung dadurch, daß der Geist in uns Wohnung nimmt.

Kurz, der christliche Glaube besagt, daß alle Menschen mit einem tiefen Hunger geboren sind, den nur Christus stillen kann. Wir sind nach dem Bilde Gottes geschaffen (1. Mose 1,27); das heißt, wir sind geschaffen mit Gottes Bild in uns, das die Form Christi hat, aber noch leer ist. Deshalb geht es beim Christsein einfach darum, daß Christus in diesen leeren Raum einzieht.

Wie sollen wir uns also Christus, »das Ebenbild des unsichtbaren Gottes« (Kolosser 1,15), vorstellen? Er ist der eine und einzige »Nachtkeks«, der diesen Hunger in uns wirklich stillen und die Nacht mit Licht erfüllen kann.

Die Bibel und fünf Arten der Freiheit

»Müht euch mit Furcht und Zittern um euer Heil! Denn Gott ist es, der in euch das Wollen und das Vollbringen bewirkt, noch über euren guten Willen hinaus.«   Philipper 2,12.13

»Nebenbei: mit Freiheit betrügt man sich unter Menschen allzuoft.«[24] Kafka wußte schon, wovon er sprach, als er diese Aussage niederschrieb! Und nicht nur zu Kafkas Zeiten, sondern auch in den Tagen Jesu und des Paulus war das so. Und ebenso trifft es heute zu. Das ist schlimm, denn in der Bibel ist »Freiheit« ein Schlüsselbegriff. Die Seiten der Bibel sind alle auf die eine oder andere Art mit dem Gedanken der Freiheit gesättigt. Die Bibel ist das Buch der Freiheit par excellence. Sie beruht auf Freiheit, und sie führt zur Freiheit. Infolgedessen ist die ganze Bibel, besonders aber das Neue Testament, sehr bemüht darum, genau zu erklären, was sie mit Freiheit meint und was sie nicht meint. Dennoch lassen wir uns immer noch allzuoft durch dieses Wort hinters Licht führen. Deshalb sei es mir gestattet, ein weiteres Mal darauf einzugehen.

Ich glaube, daß in der Bibel fünf verschiedene Arten der Freiheit erörtert werden, und mir scheint, alle fünf werden in dem oben zitierten kurzen Abschnitt aus dem Philipperbrief von Paulus berührt.

Geistliche Freiheit

Wenn Paulus hier von »Heil« spricht, weist er damit auf die erste Art der Freiheit hin – die geistliche Freiheit. Denn Heil bedeutet im Grunde, daß etwas in Sicherheit gebracht und frei von Schaden oder Gefahr ist. Wenn Paulus also die Christen ermahnt, »den Helm des Heils« aufzusetzen (Epheser 6,17), dann sagt er ihnen damit, daß sie in Christus sicher und frei von aller geistlichen Schädigung oder Gefahr sein werden. Sie erlangen Sicherheit und Freiheit von den härtesten geistlichen Schlägen, die ihnen jemand versetzen könnte – selbst wenn es geistliche Flugbälle sind.

Geistliche Freiheit kann entweder eine gegenwärtige oder eine zukünftige Wirklichkeit sein. *Gegenwärtige* geistliche Freiheit bedeutet Freiheit von der erdrückenden Sklaverei der Sünde, hier und jetzt. »Wo der Geist des Herrn wirkt«, sagt Paulus, »da ist Freiheit« (2. Korinther 3,17); und das bedeutet, »ohne Sorgen« zu sein (1. Korinther 7,32); es bedeutet Freiheit von dem Unglücklichsein, das unweigerlich die Folge der Sucht zu sündigen ist.

Noch einmal: Sünde heißt, falsche Götter anzubeten. Falsche Götter sind wie falsche Liebhaber; sie scheinen uns anfangs viel Hoffnung und Verheißung zu bieten, aber dann zwingen sie uns nur in eine unselige Sklaverei, in der wir nicht wirklich wir selbst sein können, und am Ende lassen sie uns ganz im Stich.

Doch Heil oder geistliche Freiheit können sich auch auf eine *zukünftige* Wirklichkeit beziehen, in der wir ein für allemal sicher und frei sein werden, nicht nur von der Sünde, sondern auch vom Tod und allen anderen Übeln dieses Lebens. Und so kann Paulus sich in der folgenden Aussage auf die Freiheit oder das Heil sowohl im gegenwärtigen als auch im zukünftigen Sinn beziehen: »Jetzt, da ihr aus der Macht der Sünde befreit und zu Sklaven Gottes geworden seid, habt ihr einen Gewinn, der zu eurer Heiligung führt und das ewige Leben bringt« (Römer 6,22).

Ein »Sklave Gottes« zu sein ist also Freiheit, die beste Freiheit für unseren Geist in diesem und im zukünftigen Leben!

Die furchtbare Freiheit[25]

Auf diese Art der Freiheit spielt Paulus an, wenn er sagt: »Müht euch *mit Furcht und Zittern* um euer Heil!«

Der christliche Glaube geht davon aus, daß alle Menschen ihr Leben als Sünder oder Götzendiener beginnen. Das ist mit »Erbsünde« gemeint. Dieser Gedanke mag uns nicht gefallen, aber wenn wir ihn verleugnen, verleugnen wir gleichzeitig Christus. Denn je weniger wir das Problem der Sünde ernst nehmen, desto weniger werden wir Christus, den Retter von der Sünde, ernst nehmen. »Jesus Christus ist auf diese Welt gekommen, um uns gottlose Menschen zu retten« (1. Timotheus 1,15).

Eine verwässerte Sicht der Sünde ist nur die eine Seite der Münze; die andere Seite ist immer eine verwässerte Sicht Christi.

Der Glaube an Christus sagt uns also, daß wir ursprünglich alle unseren Glauben auf etwas anderes richten. Und das bedeutet wiederum, daß dieses andere, was immer es auch sein mag, uns erst einmal vollkommen im Stich lassen muß, bevor wir verzweifelt genug sind, um uns an etwas radikal Neues zu klammern. Wenn Menschen wirklich etwas anbeten, dann werden sie es nicht aufgeben, bis sie nicht mehr anders können. Warum sollten sie auch? Und wenn sie dann nicht mehr anders können, wo werden sie etwas anderes finden, das den Platz dieses falschen Gottes einnehmen kann?

Wenn wir diese Erfahrung machen – den völligen Zusammenbruch unserer alten, ursprünglichen Götter – bedeutet das, daß es Zeiten in unserem Leben geben wird, in denen wir nichts haben, woran wir uns klammern können. Das ist »Furcht und Zittern«. Es ist »frei«, weil wir frei sind von allem, woran wir uns klammern könnten, und aus demselben Grund ist es »furchtbar«. Für eine gewisse Zeit glauben wir an gar nichts; ein tieferes menschliches Leiden gibt es nicht. Es ist ein bodenloses Leiden. Es ist ein freier Fall, bei dem man nie den Grund erreicht oder auf etwas Festem zur Ruhe kommt. Es gibt keine befriedigenden Antworten mehr, sondern nur noch radikal unbeantwortbare Fragen. Und wenn auch die Auswirkungen solchen Leidens schwer zu beobachten sind, sollten wir an die denken, die es tatsächlich durchmachen müssen.

Doch dieser geistliche Tod ist die Tür, die dem Neuen Testament zufolge aller götzendienerische Glaube durchqueren muß, um zum Glauben an Christus und durch ihn zu einem völlig neuen Leben zu finden. Dies ist der Tod, der stets der »Wiedergeburt« vorausgeht (Johannes 3,3).

Weil dieses Leiden sich nicht auf einer natürlichen, sondern auf einer übernatürlichen Ebene abspielt, wird die »Wissenschaft« der Psychologie normalerweise ratlos davor stehen. Außer den Christen scheinen die einzigen, die überhaupt etwas davon verstehen, die Künstler und Literaten zu sein, deren Empfindsamkeit sie oft zwingt, die Dimension des Unendlichen in jedem Individuum auszuloten. Doch für die Bibel ist diese Erfahrung, dargestellt hauptsächlich durch die Taufe und das Kreuz, eine wesentliche Komponente ihrer Botschaft. Es ist absolut unmöglich, die Botschaft des Neuen Testaments zu begreifen, wenn man nicht wenigstens *verstandesmäßig* diese Erfahrung versteht.

Die allererste Seligpreisung Jesu ist diese: »Selig, die erkennen, wie arm sie vor Gott sind; denn Gottes Herrschaft und Herrlichkeit gehört ihnen« (Matthäus 5,3). Dies ist ein Paradoxon, das uns die Bibel immer und immer wieder nahezubringen versucht – daß nur die Niedrigen, die Bescheidenen, die Demütigen, die Trauernden, die »Armen vor Gott« Gott finden und kennen können.

111

Für das Neue Testament sind die Taufe und das Kreuz nicht einfach nur die Taufe und das Kreuz Jesu, obwohl sie das natürlich auch sind. Taufe und Kreuz sind auch Symbole für den geistlichen Tod, den jeder durchmachen muß, der Jesus nachfolgt. Paulus drückt es so aus:

»Wißt ihr etwa nicht, daß alle, die im Namen Jesu Christi getauft wurden, Anteil an seinem Tod haben? Durch die Taufe sind wir also mit Christus gestorben und begraben. Und wie Christus durch die Herrlichkeit und Macht seines Vaters von den Toten auferweckt wurde, so sollen auch wir ein neues Leben führen.«   Römer 6,3.4

112

Übrigens ist es diese Sicht der Taufe, die vielen Christen, ich selbst eingeschlossen, den Eindruck vermittelt, daß das Taufen durch das »Bespritzen kleiner Babys« ein unpassendes Symbol ist für das, was da symbolisiert werden soll.[26] Das »neue Leben«, von dem hier die Rede ist, ist nicht dasjenige, das ein kleines Baby beginnt. Paulus fährt fort:

»Unser früheres Leben endete mit Christus am Kreuz. Unser von der Sünde beherrschtes Wesen ist vernichtet, und wir müssen nicht länger der Sünde dienen ... Das gilt genauso für euch, und daran müßt ihr festhalten: Ihr seid tot für die Sünde. Lebt nun für Gott, der euch durch Jesus Christus das neue Leben gegeben hat.«   Römer 6,6.11

Der Weg zum »neuen Leben« führt also immer durch diesen Tod des alten Menschen; geistliche Freiheit ist nur zu finden, indem wir die Erfahrung der »furchtbaren Freiheit« durchmachen, die Erfahrung von »Furcht und Zittern«. Um Christus nachzufolgen, müssen wir mit ihm gekreuzigt werden, und das beinhaltet immer das Scheitern und den Tod unserer alten Götter. Und manchmal spricht das Neue Testament in diesem Zusammenhang auch davon, daß man an ein Holz, einen Baum gehängt wird (Apostelgeschichte 5,30; 10,39).

Die Freiheit des gekreuzigten Herzens, die furchtbare Freiheit, nicht das Geringste zu haben, das uns Geborgenheit geben oder uns trösten könnte, ist die Freiheit, die uns zwingt, geistliche Freiheit zu finden, die freudige Freiheit, die wir im Gehorsam gegenüber Christus kennenlernen. Wenn wir zum ersten Mal geistliche Freiheit erleben, ist das eine revolutionäre Erfahrung, die alles, was wir bisher kennengelernt haben, an Tiefe und Intensität übertrifft. Sie ist revolutionär, weil sie darin besteht, plötzlich herumgedreht oder mit der richtigen Seite nach oben hingestellt zu werden. Deshalb nennt das Neue Testament diese Erfahrung auch »Bekehrung«.

Doch dieser dramatische Prolog zu Beginn des christlichen Lebens ist auch das Muster, das dem nun folgenden Lernprozeß zugrunde liegt. Denn da wir nun einmal sündige Geschöpfe sind, neigen wir immer wieder dazu, uns selbst zu vergessen, und ertappen uns immer wieder dabei, den falschen Göttern nachzulaufen. Wir kommen vom Weg ab. Aber dann werden wir zurück auf den Pfad des Gehorsams gerissen, indem wir von neuem die furchtbare Freiheit erfahren, die immer die Folge des Götzendienstes ist. Und so beinhaltet das christliche Leben immer das »Streben ... in Gottesfurcht nach vollkommener Heiligung« (2. Korinther 7,1).

Ja, Christen lernen, ihr eigenes Leiden als etwas Gutes zu sehen, indem sie die entscheidende Rolle schätzen lernen, die das Leiden dabei spielt, sie auf dem »engen und schmalen Weg« (Matthäus 7,14)

114

zu halten. Wie Paulus rühmen sie sich »viel lieber« ihrer »Schwachheit«, denn sie haben gelernt, daß Gottes »Gnade ... ihre Kraft in der Schwachheit« erweist (2. Korinther 12,9).

Diesen Lernprozeß durch den abwechselnden Strom von furchtbarer und geistlicher Freiheit nennt das Neue Testament »Heiligung«. Die »Rechtfertigung« ist wie die Einschreibung in einen Kurs, der genau das ist, was wir brauchen, und die »Heiligung« ist die tatsächliche Teilnahme an diesem Kurs. Und der Kurs selbst heißt natürlich »Nachhilfe im Leben«, denn wir lernen darin, durch die Nachfolge Christi *wirklich* zu leben. Christus ist gerecht. »Christus hat unsere Sünden, ja die Sünden der ganzen Welt auf sich genommen; er hat sie gesühnt« (1. Johannes 2,2).

Freiheit der Wahl oder politische Freiheit

Freiheit der Wahl ist die Möglichkeit zu wählen, was wir gerne wollen. Sie ist wie ein Eisladen mit fünfzig verschiedenen Geschmacksrichtungen. Sie ist die Freiheit, mit einem solchen Eisladen ein Geschäft zu machen. Sie ist wie eine geheime Wahlkabine, in der man aus jeder Menge Kandidaten auswählen kann. Sie ist ein Regierungssystem, das den einzelnen die größtmögliche Freiheit zugesteht, zu denken, zu sagen, zu schreiben, zu lesen, anzubeten und anzustreben, was sie wollen. Das ist Freiheit der Wahl, und die Bibel bietet in sechsfacher Hinsicht eine starke Grundlage für diese Art von Freiheit.

Erstens findet die Freiheit der Wahl eine Stütze darin, daß die Bibel einzelnen Männern und Frauen als Kindern Gottes die höchste Achtung entgegenbringt. Wir haben bereits gesehen, wie Christus »sich als Lösegeld hingegeben hat für alle« (1. Timotheus 2,6), also für alle die Freiheit erkauft hat. Das schließt natürlich auch die nach menschlichen Maßstäben »unbedeutendsten« oder »verlorensten« Menschen ein. So konnte Jesus sagen: »Was ihr für einen meiner geringsten Brüder getan habt, das habt ihr für mich getan« (Matthäus 25,40).

Die Gemeinde Jesu ist Gottes Büro für »vermißte Personen«, und ihre Satzung ist die Bibel. Deshalb ist es für Christen nicht möglich, sich einen Menschen vorzustellen, der »gar keine besondere Person« wäre oder der nicht unendlich von Gott geliebt würde.

Wann immer eine Gruppe von Menschen tief von der Bibel beeinflußt ist, wird sie die hohe Wertschätzung der Bibel für den einzelnen Menschen teilen und deshalb alles tun, um die Freiheit der Wahl für die Menschen zu vergrößern. Denn diese Art von Freiheit ist so grundlegend für unser Menschsein, daß ein Mensch, dem sie geraubt wird, wie ein Vogel ist, dem die Möglichkeit zu fliegen genommen wurde.

Unsere Fähigkeit zu wählen ist eine Gabe, die Gott speziell der Menschheit gegeben hat. Und wenn einem Menschen die Möglichkeit genommen wird, diese Fähigkeit auszuüben, sei es durch eine Regierung oder durch andere, die sich zuviel Herrschaft anmaßen, dann ist das wahrhaftig eine traurige, entmenschlichende Sache.

Zweitens wird die Freiheit der Wahl unterstützt durch die biblische
Sicht der menschlichen Natur. Denn obwohl die Bibel weiß, daß
Gott die Menschen unendlich liebt, weiß sie auch, daß diese Menschen Sünder sind. Sie weiß, daß Gottes Kinder alle einen tiefsit-
zenden, angeboren selbstsüchtigen Zug haben; sie neigen sehr
stark dazu, andere Menschen beiseite zu schieben, um zu bekommen, was sie wollen.

Genau aus diesem Grund waren einige der größten Fürsprecher
der Freiheit der Wahl oder der politischen Freiheit jene Christen,
die die Bibel in ihrer beharrlichen Betonung der sündigen Natur
des Menschen ernst nahmen. Johannes Calvin zum Beispiel war
für seine harten Ansichten über das Ausmaß der menschlichen
Selbstsucht bekannt. Und es war genau diese Sicht, die letzten Endes den Calvinismus zu einer der stärksten treibenden Kräfte für
politische Freiheit in der modernen Welt machte. Schon 1559
schrieb Calvin:

»Die Untugend oder Unvollkommenheit der Menschen macht es

darum sicherer und erträglicher, daß die Regierung in den Händen vieler liege, so daß sie einander durch Hilfe und Ermahnung zur Seite stehen und daß, wenn einer sich mehr anmaßt, als recht ist, die Vielen als Zensoren und Zuchtmeister auftreten, um seinen Ehrgeiz zu zügeln.«[27]

In derselben weisen Tradition konnte ein neuerer Calvinist, Abraham Lincoln, wohl gleichzeitig der bedeutendste Präsident und Theologe der Vereinigten Staaten, sagen: »Kein Mensch ist gut genug, um über einen anderen Menschen ohne dessen Zustimmung zu herrschen.«[28]

Lincoln, der sich in der Bibel nicht schlechter auskannte als die meisten Geistlichen, zitierte gern Jeremia 17,9: »Arglistig ohnegleichen ist das Herz und unverbesserlich. Wer kann es ergründen?«

Nun, um Jeremias Frage zu beantworten, Lincoln hat das menschliche Herz ziemlich gut durchschaut. Luzie freilich tut das nicht. Und deshalb wird es wohl nie ihre starke Seite sein, anderen Leuten die Freiheit der Wahl einzuräumen (etwa indem sie Linus seine Schmusedecke anbeten läßt, wenn er es so will):

Drittens unterstützt die Bibel die Freiheit der Wahl durch den Nachdruck, den sie auf den Glauben legt. Noch einmal zurück zu Paulus' Aussage: »Müht euch ... um euer Heil.«

Wenn ich das nicht selbst getan habe, dann ist es nicht mein Glaube oder meine Errettung. Wenn Glaube Glaube sein soll, müssen wir selbst zu ihm durchdringen. Deshalb wird die Bibel immer eine äußerst starke treibende Kraft sein, wenn es darum geht, Gesellschaften und politische Systeme so zu prägen, daß dieses individuelle »Mühen um das Heil« ohne Einmischung von außen stattfinden kann.

Viertens bringt die Bibel Freiheit der Wahl hervor, weil sie einer weiten Vielfalt von Auslegungen offensteht. Deshalb wird unabhängiges Denken und Meinungsvielfalt überall da zunehmen, wo Menschen die Bibel lesen dürfen und das auch tun. Und da, wo Menschen solchermaßen ermutigt werden, selbständig zu denken, wird dieses Denken stets eine Menge Schwierigkeiten für alle diktatorischen Regierungen und Kirchen mit sich bringen. Das ist wohl ein Grund, warum so ein starker Zusammenhang besteht zwischen Ländern mit starken Demokratien und einer weiten Vielfalt von Gruppen innerhalb dieser Länder, die in der Bibel lesen.[29]

Fünftens bringt die Bibel Freiheit der Wahl hervor, indem sie Menschen eine Grundlage für Sinn, Moral und Selbstlosigkeit bietet. Wenn diese Qualitäten in einer Gesellschaft stark vorhanden sind, kann es dort mehr Freiheit geben.

Die Bevölkerung wird nicht durch den Mangel an Sinn im Leben in eine so starke Rücksichtslosigkeit und Selbstsucht getrieben. Doch wenn Menschen verzweifelt rücksichtslos und selbstsüchtig *sind,* dann sind immer strengere Gesetze notwendig, bis wir uns auf einmal in einem Polizeistaat oder in einem Gefangenenlager wiederfinden. Wenn die Menschen nicht mehr an Gott und ein »ewiges Leben« nach diesem Leben glauben, ist ihre ganze Hoffnung auf dieses Leben begrenzt, und so werden sie verzweifelt versuchen, das Letzte aus diesem Leben herauszupressen, solange es noch geht.

Wenn wir nur einmal leben und es sich damit hat, bleibt uns nichts anderes übrig, als dem Leben soviel Genuß abzugewinnen wie möglich, bevor es zu spät ist. Sally Brown beschloß einmal zu Weihnachten, selbstlos zu sein, in dem sie keinen Wunschzettel schrieb.[30] Aber da sie das wahre Weihnachtsgeschenk, Christus, ignorierte, kam sie letzten Endes zu folgendem Schluß:

Solange wir nicht in der Bibel eine Grundlage für Sinn, Moral und Selbstlosigkeit haben, neigen wir alle dazu, uns in Sallys Richtung zu bewegen. Und das bedeutet immer Probleme für unsere Freiheit der Wahl. Die Bibel sagt, daß da, wo »Gottes Gebote mißachtet werden ... die Liebe bei vielen erlöschen« wird (Matthäus 24,12). Ohne den Glauben an den Gott der Liebe wird das Leben wahrhaftig zu einem solchen Teufelskreis.

Sechstens vergrößert die Bibel unsere Freiheit der Wahl, weil sie zu mehr Bildung und Belesenheit in der Bevölkerung führt, und es ist für Kirchen oder Staaten oder beide immer schwierig, eine solche Bevölkerung zu bevormunden.

Die öffentliche Bildung ist zum Beispiel weitgehend eine Folge der protestantischen Reformation. Die Reformatoren wollten,

121

daß die Leute gebildet waren, gerade damit sie die Bibel selbst lesen und ihre eigenen intelligenten Schlüsse über ihre Bedeutung ziehen konnten und sich nicht länger in tödliche geistliche Zwangsjacken stecken lassen mußten. Deshalb sind wir, wenn wir die Bibel zwar lesen können, es aber nicht tun, genauso anfällig dafür, in eine geistlose Sklaverei gezwungen zu werden, wie diejenigen, die sie nicht lesen *können*.

Es ist erstaunlich, aber wahr: Mehr als alles andere in der Welt spornte die Bibel die Menschheit beharrlich zu immer mehr Freiheit der Wahl oder politischer Freiheit an. Darum haben alle politischen und geistlichen Tyrannen die Bibel immer gefürchtet und versucht, sie entweder ganz zu verbergen oder sie unter straffer Kontrolle zu halten. Sie haben erkannt, daß die Bibel politische und geistliche Freiheit hervorbringt.

All dies klingt vielleicht sehr hoffnungsvoll. Deshalb müssen wir uns gleichzeitig das folgende beunruhigende Paradox vor Augen führen: Je mehr Freiheit der Wahl wir haben, eine Freiheit, die letzten Endes aus der Bibel abgeleitet ist, desto weniger scheinen wir diese Freiheit dazu zu nutzen, die Bibel zu lesen und kennenzulernen. Und natürlich besteht, wenn die Freiheit der Wahl auf diese Weise von ihrer Quelle abgeschnitten wird, eine große Gefahr, daß sie verwelken und sterben wird.

Wenn das Fundament schwindet, kann der Überbau nicht lange stehenbleiben. Genau das scheint im Augenblick vor sich zu gehen. Und das Ergebnis ist die deprimierende Situation, daß das Wort »frei« meist nur noch die Bedeutung für uns hat, daß etwas kein Geld kostet.

Jesus sagt uns: »Wenn ihr an meinen Worten festhaltet ... dann gehört ihr wirklich zu mir. Ihr werdet die Wahrheit erkennen, und die Wahrheit wird euch befreien« (Johannes 8,31.32).

Zweifellos dürfen wir das Wort »frei« hier sowohl im geistlichen als auch im politischen Sinn verstehen – und zwar genau in dieser Reihenfolge: erst geistlich, dann politisch, wie auch Jesus hier in erster Linie von geistlichen Dingen sprach. Doch bevor eines von beiden Wirklichkeit werden kann, müssen wir Jünger sein. »Wenn euch also der Sohn Gottes befreit, dann seid ihr wirklich frei« (Johannes 8,36).

Freiheit des Willens oder »freier Wille«

Freiheit der Wahl bedeutet, daß wir wählen können, was wir mögen; »freier Wille« heißt, daß wir uns auch entscheiden können, es zu mögen. Niemand verfügt über diese Art der Freiheit. Niemand beschließt, sich zu verlieben. Ich kann in den Eisladen mit den fünfzig verschiedenen Geschmacksrichtungen gehen und mir aussuchen, was ich mag. Aber ich suche mir immer dasselbe aus:

124

Schokolade. Ich entscheide mich nicht dafür, Schokoladeeis zu mögen. Ich muß es einfach haben. Irgend etwas in meiner biologischen Beschaffenheit bringt mich dazu, danach zu lechzen. Und ich habe genausowenig die Freiheit, meine Vorliebe für Schokoladeeis aufzugeben, wie Linus die Freiheit hat, seine Hingabe an den Großen Kürbis aufzugeben.

Mit anderen Worten, der »freie Wille« behauptet, daß es außer dem eigenen Willen eines Menschen keine Ursachen gibt, die ihn dazu bringen, zu tun, was er tut. Wenn ein Mensch etwas tut, so kann er sich darüber nur bei sich selbst beschweren – oder bedanken. Das besagt, daß unser Wille letztlich außerhalb des Bereiches der Kausalität steht.

Diese Auffassung stellt eine Verspottung zweier Dinge dar. Das erste ist die Natur. Kafka sagt über diese Art »Freiheit«: »›Auch das ist Menschenfreiheit‹, dachte ich, ›selbstherrliche Bewegung.‹ Du Verspottung der heiligen Natur!«[31]

Was für eine Verspottung der Naturgesetze, zu sagen, diese Gesetze seien überall in Kraft, nur nicht im Bereich des menschlichen Willens, der Wille sei »frei« von den Naturgesetzen von Ursache und Wirkung, und nichts verursache die Willensentscheidungen, die wir treffen! Wir brauchen nur zu versuchen, irgendeinen Naturwissenschaftler von dieser Auffassung von »Freiheit« zu überzeugen, und wir werden lautes und langes Gelächter ernten.

Doch der »freie Wille« ist auch eine Verspottung Gottes und der Bibel. Die Bibel geht zwar offensichtlich davon aus, daß Menschen recht oft die Freiheit der Wahl haben. »Müht euch um euer Heil«, um noch einmal auf die Aussage des Paulus zurückzukommen. Aber sind *wir* es denn letzten Endes, die die Entscheidungen treffen? Ist unser Wille »frei« oder das Entscheidende? Die Aussage des Paulus ist hier typisch für die Ansicht der ganzen Bibel darüber, wer es ist, der die Entscheidungen trifft: »Müht euch ... um euer Heil. Denn Gott ist es, der in euch das Wollen und das Vollbringen bewirkt, noch über euren guten Willen hinaus.« Die ganze Bibel läßt an diesem Punkt nicht den geringsten Zweifel. Nirgendwo sagt sie, daß die Menschen einen »freien Willen« hätten, sondern sie sagt mit allem Nachdruck das Gegenteil. Zum Beispiel sagt uns Paulus, indem er das Alte Testament zitiert:

»Denn Gott hat zu Mose gesagt: ›Ich erweise meine Güte, wem ich will. Und über wen ich mich erbarmen will, über den werde ich mich erbarmen.‹ Entscheidend ist also nicht, wie sehr sich jemand anstrengt und müht, sondern daß Gott sich über ihn erbarmt. ... Gott schenkt also seine Barmherzigkeit, wem er will, aber er macht Menschen auch hart und gleichgültig, wenn er es will.«   Römer 9,15.16.18

Die Bibel ist sehr konsequent. Was immer und völlig unter Kontrolle ist, so sagt sie, ist *Gottes* Wahl, *Gottes* Wille, *Gottes* Macht, *Gottes* Erwählung, *Gottes* Souveränität, *Gottes* Vorsehung, *Gottes* Plan, *Gottes* Gnade und *Gottes* Vorherbestimmung. Wenn Gott Gott ist, dann ist es *Gott,* der regiert.

Aber verrät uns das nicht auch, warum der Gedanke des »freien Willens« so hartnäckig bekämpft werden mußte, als die Bibel geschrieben wurde, und auch heute noch so hartnäckig bekämpft werden muß? Weil *wir* regieren, wenn wir einen »freien Willen« haben. Und wenn wir regieren, dann sind wir unser eigener Gott! Genau das, was wir schon immer wollten! Hier zeigt sich die wahre Wurzel des menschlichen Stolzes und der Sünde – »ihr werdet wie Gott« (1. Mose 3,5). »Denn *dein* ... ist die Kraft«, lehrt uns das Vaterunser (Matthäus 6,13). Aber es liegt uns Männern und Frauen einfach nicht in der Natur, es so zu wollen.

Täuschen wir uns nicht. Wenn wir sagen, daß wir diese Freiheit haben, die Freiheit eines »freien Willens«, dann sagen wir damit, daß wir letzten Endes selbst Götter sind. Der Grund, warum wir das sagen wollen, ist unser titanenhafter Stolz. Es ist gerade die Sünde oder die Selbstvergötterung der Menschen, die die Auffassung vom »freien Willen« immer sehr populär sein läßt, so flach sie auch sein mag. Und daß diese imaginäre Freiheit Sünde ist, ist auch der Grund, warum die Bibel standhaft jede Möglichkeit einer Errettung durch »Werke«, »Verdienst«, Selbstgerechtigkeit oder »freien Willen« leugnet.

Alle Menschen, die Christen eingeschlossen, werden immer ein angeborenes Verlangen danach haben, ihre eigenen Götter zu sein, und der »freie Wille« ist die letzte und subtilste Zuflucht für dieses grundlegende und götzendienerische Verlangen. Der »freie Wille« ist letzten Endes eine Art »versteckter Humanismus« oder eine Verleugnung der Gottheit Gottes. »Freier Wille« ist ein beschönigender Ausdruck für Selbstvergötterung. Und Selbstvergötterung ist der Kindheitstraum, von dem wir uns am allerwenigsten trennen wollen.

»Aber Moment mal!« kann jetzt der Leser sagen. »Das ist sehr clever von dir! Wenn du ausnahmsweise einmal etwas Gutes oder Richtiges tust, kannst du demütig Gott die Ehre dafür geben, und das wirkt sehr lobenswert. Aber wenn du etwas Schlechtes oder Falsches tust, kannst du es genauso machen, Gott die Sache in die Schuhe schieben und behaupten: ›Es ist nicht mein Fehler! Es wirkten Kräfte auf mich ein, auf die ich keinen Einfluß habe! Ich war nur ein machtloses Opfer! Schluchz! Schnief!‹ Sehr clever von dir, lieber Robert!«

Was sollte Christen davon abhalten, diese Art Ausflucht oder Selbstbetrug zu benutzen? Wie bringt man den christlichen Gehorsam gegenüber Gott mit Gottes Macht, Vorherbestimmung und Souveränität zusammen? Wie ist es möglich, so zu leben, als ob alles von uns abhinge (wie der Glaube lebt), wenn wir in Wirklichkeit *glauben,* daß alles von Gott abhängt (wie der Glaube glaubt)?

Antwort: Diese beiden wesentlichen Dinge sind zusammengefügt durch die klare Erkenntnis, die aus der niederschmetternden Erfahrung kommt, daß diese Ausflucht *nicht funktioniert.* Die lebendigen Erfahrungen des Glaubens und des Mangels an Glauben lehren uns – sehr eindrücklich, hier und jetzt – daß niemand mit irgend etwas davonkommt. Zum Beispiel weiß das Alte Testament nichts von einer Strafe oder einem Gericht in irgendeinem zukünftigen Leben; alle Strafen und Gerichte, von denen das Alte Testament spricht (und da gibt es eine ganze Menge), sind Strafen und Gerichte, die hier und jetzt, in diesem Leben stattfinden. Und doch sagt uns das Alte Testament: »Die Hand darauf, der Böse bleibt nicht ungestraft« (Sprüche 11,21).

Das unabänderliche Gesetz lautet: Wenn wir Gott ungehorsam sind, wessen Fehler auch immer das sein mag, dann erwischt uns die Hölle dafür. Das genau ist es, was »Hölle« bedeutet. »Denn der Lohn der Sünde *ist* der Tod« – Gegenwartsform und gegenwärtige Wirklichkeit (Römer 6,23).

Wenn Menschen wirklich aus persönlicher Erfahrung lernen, daß dieses strikte geistliche Gesetz der Schwerkraft immer gilt, dann werden sie alles Interesse daran verlieren, Ungehorsam zu praktizieren und ihn dann Gott in die Schuhe zu schieben. Und gleichzeitig werden sie lernen, daß es nur eine andere Form des Ungehorsams ist, wenn sie sich ihres Gehorsams rühmen (wie es ihnen der »freie Wille« ermöglicht). All dies mag entsetzlich unfair scheinen, da ja Gott den ganzen Vorgang vollkommen unter Kontrolle hat. Aber irgendwann kommt man an den Punkt, wo man aufhört, darüber herumzunörgeln, was fair und unfair ist, und – zu seinem eigenen Besten – zu gehorchen lernt. Darum kann das Alte Testament uns auch sagen: »Anfang der Weisheit ist die Gottesfurcht« (Sprüche 9,10).

Später ist es dann, wie mir scheint, die Dankbarkeit mehr als alles andere, die zum christlichen Gehorsam führt. Aber anfangs wird uns wie wilden, ungehobelten Kindern der Gehorsam durch Furcht beigebracht. Zu Beginn ihrer Reise werden Christen so wie Linus hier »durch eine sanfte Ermahnung gerettet« – wenn es auch eine weit gefährlichere geistliche Ermahnung ist.

Der »freie Wille« gehört zum Gesetz. Wenn wir glauben, wir hätten diese imaginäre Freiheit, dann wird unsere Beziehung zu Gott immer eine gesetzliche Beziehung sein. »Wenn ich dies tue, wird Gott das tun.«

Und auf diese Weise versuchen wir über Gott zu herrschen. Wie wir es im dreizehnten Kapitel schon beim Gesetz gesehen haben, sagt uns auch der »freie Wille«: »Es liegt an dir!«

Aber wirkliche Freiheit erlangen wir nur durch Gehorsam gegenüber Gott durch Gottes Gnade – das heißt, durch seine Liebe und seine Macht. Wenn es nicht durch Gottes Macht geschieht, dann ist es keine Freiheit, dann ist es kein Gehorsam, und dann ist es keine Gnade. Oder, wie Paulus sagt:

»Durch Christus sind wir frei geworden, damit wir als Befreite leben. Jetzt kommt es darauf an, daß ihr euch nicht wieder vom Gesetz gefangennehmen laßt. ... Wenn ihr aber durch das Gesetz vor Gott bestehen wollt, dann habt ihr euch von Christus losgesagt, und Gottes Gnade gilt nicht länger euch.«   Galater 5,1.4

Wir können genausowenig aus eigenem Willen beschließen, Christen zu sein, wie wir beschließen können, Kakteen oder Orangenbäume zu sein. Kakteen, Christen und Orangenbäume sind Gottes Schöpfung, nicht unsere. Und da wir nun einmal nicht »selbstgemacht« sind (wie wir es ach so gern wären), haben wir in Wirklichkeit gar nicht soviel mitzureden bei unserer wunderbaren »Entscheidung«.

Christen wissen, daß alle Dinge Gott vollkommen aus bewußter oder unbewußter Notwendigkeit heraus gehorchen und daß sie selbst vollkommen aus bewußter emotionaler Notwendigkeit heraus gehorchen. Wäre ihr Gehorsam nicht vollkommen notwendig, könnten sie genau in diesem Maße tatsächlich stolz auf sich sein und hätten etwas, dessen sie sich rühmen könnten. Aber:

»Denn nur durch seine unverdiente Güte seid ihr vom Tod errettet worden. Ihr habt sie erfahren, weil ihr an Jesus Christus glaubt. Aber selbst dieser Glaube ist ein Geschenk Gottes und nicht euer eigenes Werk. Durch eigene Leistungen kann man bei Gott nichts erreichen. Deshalb kann sich niemand etwas auf seine guten Taten einbilden. Gott hat etwas aus uns gemacht: Wir sind sein Werk, durch Jesus Christus neu geschaffen, um Gutes zu tun. Damit erfüllen wir nur, was Gott schon immer mit uns vorhatte.«   Epheser 2,8-10

Oder, mit den Worten, mit denen das mächtige Thema der Bibel (2. Korinther 5,18-21) beginnt: »All dies verdanken wir Gott.«

Freiheit vom vergötterten Gesetz

Wir können wählen, was wir wollen oder mögen (d. h. wir können eine freie Wahl treffen), aber wir können nicht beschließen, es zu wollen oder mögen (d. h. wir haben keinen »freien Willen«). Wenn unsere Wünsche oder unser Wille endlich in Einklang mit dem Willen Gottes gebracht sind, dann ist es Gott, »der in euch das Wollen und das Vollbringen bewirkt, noch über euren guten Willen hinaus« (Philipper 2,13). Wenn unser Wille endlich darin besteht, Gottes Willen zu tun, dann ist es Gott, der diese Wahl getroffen und unseren Willen verändert hat, nicht wir.

Das Gesetz sagt uns, daß unser Heil von uns selbst abhängt: »Wer *alle* Forderungen des Gesetzes erfüllt, wird dadurch leben« (Römer 10,5). Aber die Verantwortung, uns selbst zu retten, zermalmt uns entweder durch ihr Gewicht, oder sie betört uns durch Selbstgerechtigkeit. Und so kann Paulus über dieses Gesetz, das einst das Leben versprach, schließlich sagen: »Das Gebot kam, ... ich dagegen starb« (Römer 7,9).

Aus der Sicht des Neuen Testaments kann das Gesetz entweder uns oder sich selbst göttlich machen. Das heißt, das Gesetz kann uns nicht nur über die Macht und Freiheit unseres eigenen Willens täuschen, indem es uns weismacht, wir könnten uns selbst retten und so unsere eignen Herrn und Retter sein, sondern es kann uns auch in die Irre führen, indem es uns einredet, es gäbe einen göttlichen »geschriebenen Kodex« von *Taten, die wir vollbringen könnten und die uns immer retten würden. Wenn das stimmte, wäre Christus natürlich nicht mehr der Retter, sondern der geschriebene Kodex wäre es. Wenn ein so verstandenes Gesetz die letzte Autorität über uns hat, dann gibt es darin nur Gebundenheit für uns, keine Freiheit. So kann Paulus, in erster Linie zu Bekehrten aus dem Judentum, sagen:

»In genau derselben Situation seid auch ihr. Auch ihr wart gewissermaßen an einen ›Ehemann‹ gebunden, an das Gesetz. Aber ihr seid davon befreit worden, als Christus am Kreuz für euch starb. Und jetzt gehört ihr nur noch ihm, der von den Toten auferweckt wurde. Nur so werden wir für Gott Frucht bringen, das heißt leben, wie es ihm gefällt. ... Aber jetzt sind wir von diesen Zwängen frei, denn für das Gesetz sind wir tot. Deswegen können wir Gott durch seinen Heiligen Geist in einer völlig neuen Weise dienen und müssen uns nicht länger an die Buchstaben des Gesetzes klammern.«   Römer 7,4.6

Und was sind diese »Buchstaben des Gesetzes«? Das kann jede Liste von Vorschriften sein, was man tun und lassen soll, aber hier bezieht es sich auf das alttestamentliche Gesetz des Mose, jenes gewaltige Labyrinth von »Du sollst« und »Du sollst nicht«, das so kompliziert, einengend und penibel werden kann, daß man leicht verhungern könnte, bevor man herausgefunden hat, was man als nächstes »nicht tun soll«.

Aus der Sicht des Neuen Testaments ist das Gesetz des Mose gut, aber es ist nicht Gott. Es ist nicht der Herr. »Jesus ist der Herr« (Römer 10,9; 1. Korinther 12,3). Und so bringt Jesus die neutestamentliche Sicht des Gesetzes insgesamt zum Ausdruck, wenn er über einen Teil davon, nämlich die Sabbatheiligung, sagt: »Der Sabbat wurde doch für den Menschen geschaffen und nicht der Mensch für den Sabbat. Deshalb hat der Menschensohn auch das Recht zu entscheiden, was am Sabbat erlaubt ist und was nicht« (Markus 2,27.28; mit dem »Menschensohn« ist Jesus gemeint).

Aber wenn es keinen absoluten Gesetzeskodex gibt, dem ein

Christ zu folgen hat, was genau soll denn ein Christ dann tun? Wenn Gott, der in uns wirkt, über unseren guten Willen hinaus das Wollen und das Vollbringen in uns schafft, was sollen *wir* dann vollbringen?

Die Antwort kennen wir bereits: Wir sollen die Liebe Gottes, die er uns in Christus gezeigt hat, bekannt machen. Aber gibt es denn keine Gesetze oder Regeln oder Vorschriften, die uns als unfehlbare Richtschnur dienen können, wie wir das vollbringen können? Nein! Letzten Endes gibt es sie nicht. Wir sind frei. Wir sind frei, unseren eigenen prüfenden Verstand zu benutzen, unsere eigene Kreativität und Vorstellungskraft. Gäbe es letztlich solche absoluten Richtlinien, wären wir von neuem »unter dem Gesetz«. »Wer dagegen darauf vertraut, von Gott angenommen zu werden, weil er das Gesetz erfüllt, der steht unter dem Fluch ... Von diesem Fluch des Gesetzes hat uns Christus erlöst« (Galater 3,10.13).

Auf der anderen Seite wissen wir, wenn wir »unter Christus« leben, daß allen Gesetzen, die ihm nicht dienen, ein Fluch auf den Fersen folgt.[32]

»Vor Jesus Christus ist es völlig gleich, ob wir beschnitten oder unbeschnitten sind. Bei ihm gilt allein der Glaube, der sich in selbstloser Liebe zeigt« (Galater 5,6). In jedem Wort und jeder Tat unseres Lebens sollen wir diesen Glauben zum Ausdruck bringen, indem wir sagen oder zeigen, was wir wissen. Paulus schreibt:

»Weil wir an Jesus Christus glauben, müssen wir von ihm reden. Denn wie der Beter im Alten Testament können auch wir sagen: ›Ich glaube, deshalb rede ich!‹ Wir wissen: Gott, der Jesus vom Tod auferweckt hat, wird auch uns auferwecken. Dann werden wir mit euch gemeinsam vor Gott stehen.«   2. Korinther 4,13.14

Das ist eine gute Nachricht! Das ist etwas, das uns wirklich helfen und einen Unterschied ausmachen kann! Der Zweck der Gemeinde Jesu und das Ziel eines jeden Christen besteht einfach darin, »das Wort zu verbreiten«. Uns ist das Licht gegeben worden; wir sollen es leuchten lassen und weitergeben. Jesus sagte: »Genauso soll euer Licht vor allen Menschen leuchten. An euren Taten sollen sie euren Vater im Himmel erkennen und ihn auch ehren« (Matthäus 5,16). Oder, wie es das mächtige Thema der Bibel ausdrückt: »Denn Gott hat durch Christus Frieden mit der Welt geschlossen, indem er den Menschen ihre Sünden nicht länger anrechnet, sondern sie vergibt. Gott hat uns dazu bestimmt, diese Botschaft von der Versöhnung öffentlich bekanntzugeben. Als Botschafter an Christi Statt fordern wir euch deshalb im Namen Gottes auf: Laßt euch mit Gott versöhnen« (2. Korinther 5,19.20).

Also keine absoluten Regeln oder Vorschriften oder Gesetze, wie unsere guten Werke auszusehen haben? Keine. Davon sind wir frei. Der christliche Glaube hat sehr weitgehende ethische Implikationen. Aber letzten Endes ist dieser Glaube ein Glaube an Christus, nicht an eine Ethik. Darum heißt er ja »christ-lich«. Freilich muß dem eine sehr naheliegende Warnung folgen: nämlich daß ganz gewiß etwas falsch läuft, wenn wir versuchen, dem Gott der Liebe lieblos zu dienen:

»Liebe Brüder! Durch Christus wurde euch die Freiheit geschenkt. Das bedeutet aber nicht, daß ihr jetzt tun und lassen könnt, was ihr wollt. Nehmt vielmehr in gegenseitiger Liebe Rücksicht aufeinander.«   Galater 5,13.14

Dietrich Bonhoeffer hat eine wunderbare Formulierung dafür, was es aus christlicher Sicht bedeutet, den Nächsten zu lieben wie sich selbst. Er schrieb: »Es ist nichts als Unglaube, der der Welt ... weniger geben will als Christus.«[33]

Dies ist also die christliche Freiheit: für das eine, alles überstrahlende Ziel zu leben, die Liebe Gottes, die uns durch Christus gezeigt wurde, bekannt zu machen. »Wichtig ist, daß alles zum Aufbau der Gemeinde geschieht«, schreibt Paulus (1. Korinther 14,26). So werden alle Christen zu Ausrufern der guten Nachricht. Auf die eine oder andere Weise sind sie alle Evangelisten, aber niemals Gesetzeshüter.

Das Problem des Bösen, oder: Wer hat das letzte Wort?

»Die Gnade unseres Herrn Jesus Christus sei mit euch allen!«
Offenbarung 22,21

Das Problem des Bösen ist schlicht folgendes: Warum läßt ein allliebender und allmächtiger Gott in seiner Schöpfung Böses zu? Nun, wenn wir diese Frage nicht allzu ernst nehmen, können wir uns natürlich immer sagen, daß das Böse die Schuld der Menschen sei. Es seien immer die Menschen selbst, die diese Dinge über sich bringen. Aber das ist natürlich Unsinn, denn wir sehen sofort, daß Tod und natürliche Übel wie Kaliforniens Erdbeben und Berlins Wetter nicht immer von Menschen verursacht sind. Und überhaupt sagt uns die Bibel: »Es gibt gesetzestreue Menschen, denen es so ergeht, als hätten sie wie Gesetzesbrecher gehandelt, und es gibt Gesetzesbrecher, denen es so ergeht, als hätten sie wie Gesetzestreue gehandelt« (Prediger 8,14). Ja, die Bibel sieht nicht die Menschen als letzte Ursache des Bösen an, sondern sagt uns ausdrücklich, daß dies in den Bereich Gottes gehört:

Ich bin der Herr, und sonst niemand.
Ich erschaffe das Licht und mache das Dunkel,
ich bewirke das Heil und erschaffe das Unheil.
Ich bin der Herr, der das alles vollbringt.

Jesaja 45,5-7

Also, das ist das Problem des Bösen. Warum erschafft Gott auch das Unheil?

Wenn wir uns anschauen, wie der Glaube auf das Böse reagiert, finden wir zwei allgemeine Typen des Glaubens: den kindischen und den kindlichen Glauben. *Kindischer* Glaube ist im Grunde eine Form des Heidentums. Er sagt: »Ich glaube an Gott, solange er meinen Erwartungen entspricht und mich nicht im Stich läßt. Andernfalls kann er mir gestohlen bleiben.«

In dieser Sichtweise ist Gott dazu da, *unseren* Willen zu tun, statt daß wir dazu da sind, *Gottes* Willen zu tun. Gott soll aufpassen, sonst lassen wir ihn fallen wie eine heiße Kartoffel. Ein kindischer oder heidnischer Glaube sieht also etwa so aus:

Kindischer Glaube ist also gar keine echte Anbetung Gottes, wie sich herausstellt. Er ist die Anbetung irgendeines materiellen Gewinns, der uns durch Gott zuteil werden soll. Und wenn Gott das

Gewünschte nicht liefert, lassen wir ihn fallen als Lieferanten dessen, was wir in Wirklichkeit anbeten. Gott ist für uns nur ein Mittel zu diesem materiellen Zweck, der in Wirklichkeit unser Gott ist. Kindischer Glaube weiß ganz genau, was für ein Verhalten er von Gott erwartet. Er sagt uns zum Beispiel: »Gott mildert den Wind für ein geschorenes Lamm.«

Aber dieser naive Gedanke stammt aus einem sentimentalen Roman des 18. Jahrhunderts[34], nicht aus der Bibel. Die Bibel ist ein überaus realistisches Buch. Sie weiß, daß es sehr oft nicht so ist.

Kindlicher Glaube dagegen setzt sein Vertrauen auf Gott und nicht auf die Dinge, die wir von Gott haben möchten. Gerade dieses Element schlichten Vertrauens, das über konkreten Gewinn und Augenschein hinausgeht, ist es, das diesen Glauben kindlich macht. Und der kindliche Glaube läßt sich durch das Böse nicht von Gott abwenden, sondern er wendet sich auf Grund des Bösen Gott zu. Kindlicher Glaube sagt: »Ich muß auf Gott vertrauen. Alles andere hat mich entweder schon im Stich gelassen oder ist dabei, mich im Stich zu lassen. Gott ist meine einzige Hoffnung.«

Aber diese kindliche Hoffnung, dieser Glaube »so groß wie ein Senfkorn« (Matthäus 17,20), ist für das menschliche Herz letztes Endes unendlich viel befriedigender als alle sogenannten »guten Dinge«, die wir in einem Leben ohne Hoffnung auf Gott anhäufen können.

Echter Glaube gerät durch das Böse also nicht in Gefahr, sondern er wird dadurch gestärkt. Der Glaube wäre überhaupt kein Glaube, wenn ihm das Böse nicht ins Gesicht starren würde. Ohne das Böse wäre er Wissen. Der Glaube weiß, was er weiß, trotz allem gegenteiligen Anschein. Gerade das macht ihn zum Glauben. Hätten wir eine beweisbare Antwort auf das Problem des Bösen, so brauchten wir keinen Glauben. Es ist gerade die Existenz des Bösen, die es für uns notwendig macht, »als Glaubende« unseren Weg zu gehen, »nicht als Schauende« (2. Korinther 5,7). Denn »Glaube ist die feste Gewißheit, daß sich erfüllt, was Gott versprochen hat; er ist die tiefe Überzeugung, daß die unsichtbare Welt Gottes Wirklichkeit ist, auch wenn wir sie noch nicht sehen« (Hebräer 11,1).

Und genau so möchte Gott, daß wir leben. Denn Glaube ist Herzenswissen, nicht Kopfwissen. Und Gott möchte, daß unsere Beziehung zu ihm eine Herzensbeziehung ist.

Aber wir dürfen nicht vergessen, daß der Glaube mehr ist als eine Art geistige Bestätigung dessen, wovon wir überzeugt sind. Er beinhaltet aktiven Gehorsam auf der Grundlage dieser Überzeugung, sonst ist er kein Glaube. Was für eine »Überzeugung« oder ein »Glaube« oder ein »Vertrauen« auf etwas wäre das, wenn wir nur einfach ja zu etwas sagten, aber keine praktische Konsequenzen daraus zögen? Und genauso ist es mit dem Glauben an Gott. Wir glauben nicht wirklich an Gott, solange wir nicht Gottes Gebot gehorchen: die Liebe Gottes, die uns in Christus gezeigt ist, bekannt zu machen. Und das bedeutet, daß der echte Glaube auf das Böse reagiert, indem er es bekämpft, ihm widersteht, ihm trotzt, es zu überwinden trachtet. Paulus sagt: »Laß dich nicht vom Bösen besiegen, sondern besiege das Böse durch das Gute!« (Römer 12,21). Snoopy drückt es so aus:

So widerstehen Christen dem Bösen oder überwinden es. Sie reagieren mit Positivem auf das Negative. Sie widerstehen mit der Liebe, die sie in Christus gefunden haben, was sehr häufig – soweit es diese Welt betrifft – bedeutet, daß sie überhaupt nicht widerstehen. Jesus zitiert aus dem Alten Testament:

»Es heißt auch: ›Wer einem anderen ein Auge ausschlägt, muß dafür mit seinem eigenen Auge büßen. Wer einem anderen einen Zahn ausschlägt, dem soll das gleiche geschehen.‹ Ich sage euch aber: Wehrt euch nicht, wenn euch Böses geschieht! Wenn man dir eine Ohrfeige gibt, dann halte die andere Wange auch noch hin!«   Matthäus 5,38.39

144

Auf diese Weise legen Christen Zeugnis ab von der einzigen Macht, die letzten Endes stark genug ist, das Böse zu überwinden: Gottes Liebe.

Doch nun noch ein Wort über die Qualität der Liebe Gottes, wie sie sich in Jesus zeigt. Wenn diese Liebe am Ende nicht Sieger über alles Böse bliebe, dann wäre Gott schließlich doch kein alliebender, allmächtiger Gott der Gnade. Wenn Gottes Ziel und Plan nicht schließlich verwirklicht würde, dann wäre Gott offensichtlich gescheitert. Am Ende wäre doch nicht Gottes Wille geschehen. Und wenn das so wäre, was für ein Gott wäre das dann? Bestimmt nicht der Gott der Gnade, den das gesamte Neue Testament postuliert. Und wenn Gott so ungnädig wäre, stünden wir vor einer Alternative: entweder die Drohung einer sinnlosen Hölle, für die sich die Menschen entscheiden können, um sich für alle Ewigkeit quälen zu lassen, ohne daß das einen Zweck hätte; oder, wenn wir eine sinnlose Hölle ablehnen, ein sinnloses Leben ganz ohne Gott – ein Leben, das für kurze Zeit »des Ruhmes Pfaden»[35] folgen mag, aber schließlich doch nur ins Grab führt. Wenn der Tod und das Grab das letzte Wort haben, dann ist das Leben sinnlos. Es führt nirgendwohin. Und ein sinnloses Leben treibt Menschen zu sinnlosem Tun. Wenn es letzten Endes keine Zukunft für uns gibt, ist es besser, wenn wir soviel wie möglich an uns reißen, solange es noch geht.

In unseren alberneren Momenten könnten wir vielleicht versuchen, uns einzureden, das Geschenk des Lebens müßte befriedigend genug sein für jeden, der es erlebt hat, und es sei selbstsüchtig, noch mehr zu wollen. Sparen wir uns diesen schönen Gedanken. Sparen wir ihn auf für das vierjährige Kind mit Leukämie, dem wir vielleicht einmal begegnen. Und in der Zwischenzeit denken wir über folgende Aussage von Paulus nach:

»Wenn also im Evangelium gesagt wird, daß Gott Christus von den Toten auferweckt hat, wie können da einige von euch behaupten: ›Eine Auferstehung der Toten gibt es nicht!‹ Wissen diese Leute eigentlich, was sie damit sagen? Wenn es keine Auferstehung der Toten gibt, dann kann ja auch Christus nicht auferstanden sein. Wäre aber Christus nicht auferstanden, so hätte unsere ganze Predigt keinen Sinn, und euer Glaube wäre völlig wertlos ... Wenn der Glaube an Christus uns nur für dieses Leben Hoffnung gibt, sind wir die bedauernswertesten unter allen Menschen.«   1. Korinther 15,12-14.19

Doch natürlich wäre in diesem Fall *jeder* bedauernswert. Denn je schöner das Leben gewesen ist, desto trauriger wäre es dann, es zu verlassen. Und diese Trauer kann man leicht schon lange vor dem Ende empfinden. Es wäre wahrhaftig keine besonders gute Nachricht, jemandem zu sagen: »Etwas Besseres kommt nicht mehr.«

Doch Christen sind Menschen, die fest an Gottes Gnade glauben, und deshalb sind sie überzeugt davon, daß Gottes Ziel und Plan letztendlich verwirklicht werden. Und dieser Plan und dieses Ziel sind eine gute Nachricht – die beste Nachricht – für alle. Lassen wir noch einmal Paulus zu Wort kommen:

»Denn durch das Sterben Jesu am Kreuz sind wir erlöst, sind unsere Sünden vergeben. Und das verdanken wir allein Gottes unermeßlich großer Gnade, mit der er uns so reich beschenkt hat. Ihr verdanken wir es auch, daß wir von Gottes Plan zu unserer Rettung erfahren haben und seinen Willen kennen. Danach wollte er von Anfang an Jesus Christus zu uns schicken, damit – wenn die Zeit dafür gekommen ist – alles im Himmel und auf der Erde unter der Herrschaft Christi zusammengefaßt wird.«   Epheser 1,7-10

Dies also ist die Antwort des Glaubens auf das Böse: das Universum, alles und jeder im Himmel und auf der Erde, am Ende unter der Herrschaft Christi zu vereinen. Diese Antwort klärt im Grunde nicht die Frage, warum es überhaupt das Böse gibt. Aber wenn wir das beantworten könnten, »dann wären wir im ewigen Leben«, wie Bonhoeffer sagen konnte.[36] Doch diese Antwort versichert uns, daß am Ende alles Böse – alle Sünde, aller Tod und alles Leid – überwunden sein wird. Und deshalb kann der Glaube auch mit Paulus sagen: »Ich bin ganz sicher, daß alles, was wir jetzt erleiden, nichts ist, verglichen mit der Herrlichkeit, die wir einmal erfahren werden« (Römer 8,18).

Besonders in den Schriften des Paulus gibt es viele Stellen, wo er anscheinend das Wort »alle(s)« gar nicht oft genug in das hineinstopfen kann, was er ausdrücken möchte. Zum Beispiel freut er sich auf die Zeit, wenn

»Gott ihm [Christus] alle Feinde unterworfen hat. Als letzten Feind wird er den Tod vernichten ... Wenn aber zuletzt Christus der Herr über alles ist, dann wird er als der Sohn Gottes sich seinem Vater unterordnen, der ihm diesen Sieg geschenkt hat. So wird Gott über alles Herr sein.«   1. Korinther 15,25.26.28

»Alles in allem« sagt uns also die Bibel, daß Gott am Ende über allem sein wird. Das letzte Wort der Bibel ist »allen«. Sünde, das Böse, Leid, Tod und eine Hölle werden schließlich überwunden werden: »Die Gnade des Herrn Jesus sei mit allen« (Offenbarung 22,21). Das ist die Pointe der Bibel. Gott hat verheißen, dieses Gebet seines Volkes zu erhören. Und gewiß dürfen wir von Gott mindestens ebensoviel erwarten, wie Gott von uns erwartet. Noch einmal in den Worten Jesu: »Ich sage aber: Liebt eure Feinde und betet für alle, die euch hassen und verfolgen. Auf diese Weise handelt ihr nämlich als Kinder eures Vaters im Himmel. Denn er läßt seine Sonne für die Bösen wie für die Guten scheinen, und er läßt es regnen für Fromme und Gottlose. ... Ihr aber sollt so vollkommen sein wie euer Vater im Himmel.«   Matthäus 5,44.45.48

JA, MA'AM, ICH HABE DEN VERS...

„ER LÄSST ES REGNEN ÜBER GERECHTE UND UNGERECHTE."

UND ÜBER UNS ALLE DAZWISCHEN!

Anmerkungen

[1] James D. Smart, *The Strange Silence of the Bible in the Church: A Study in Hermeneutics* (Philadelphia: Westminster Press, 1970), S. 10.

[2] Ebenda, S. 144.

[3] D. Hirsch jr., *Cultural Literacy: What Every American Needs to Know* (Boston: Houghton Mifflin Co., 1987).

[4] George Steiner, »The Good Books«, in *The New Yorker*, 11. Januar 1988, S. 94.

[5] Charles Schulz, »Meet the Creator of Peanuts«, *Christian Business Men's Committee Contact*, Vol. 25, Nr. 2 (Februar 1967), S. 6.

[6] David Freedberg, *The Power of Images* (Chicago: University of Chicago Press, 1989), Kap. 8.

[7] Zitiert nach Ewald M. Plass (Hg.), *What Luther Says*, Bd. III (Saint Louis: Concordia Publishing House, 1959), S. 1129.

[8] Siehe Roland H. Bainton, *Here I Stand: A Life of Martin Luther* (New York: Mentor Books, 1950), S. 238.

[9] Martin Luther, »Etliche Fabeln aus Aesop«, *Ausgewählte Schriften*, hg. von Karin Bornkamm und Gerhard Ebeling, Bd. V (Frankfurt/M.: Insel, 2. Aufl. 1983), S. 164.

[10] H. Kleinbaum, *Dead Poets Society* (New York: Bantam Books, 1989), S. 38-39. Der Roman basiert auf dem Film, dessen Drehbuch Tom Schulman schrieb.

[11] Oscar Wilde, »The Ballad of Reading Gaol«, zitiert nach *The Literature of England*, hg. von G. B. Woods u. a. (Chicago: Scott, Foreman & Co., 1948), S. 891.

[12] Augustinus, *Bekenntnisse*, Erstes Buch, 1. Kapitel.

[13] .Søren Kierkegaard, *Concluding Unscientific Postscript* (Princeton: Princeton University Press, 1944), S. 169.

[14] Steiner, »The Good Books«, S. 97.

[15] Karl Barth, *Die kirchliche Dogmatik*, Bd. II/2 (Zollikon/Zürich: 1957), S. 95.

[16] Zitiert nach Ralph Waldo Emerson, »The Comic«, *Theories of Comedy,* hg. von Paul Lauter (Garden City: Doubleday & Co., Anchor Books, 1964), S. 378.

[17] »For the Time Being: A Christmas Oratorio,« *The Collected Poetry of W. H. Auden,* hg. von Edward Mendelson (New York: Random House, 1976), S. 412.

[18] Siehe mein Buch über den Prediger, *A Time to Be Born – A Time to Die* (New York: Harper & Row, 1973), besonders die Teile II und III.

[19] Als Student brachte ich einmal einen Verbindungsbruder zum Bahnhof, wo er die Reise antrat, auf der er ums Leben kam. Mein intelligenter und empfindsamer Freund war ein Atheist, wie ich selbst es auch zuvor gewesen war, und das hatte zu manch lebhafter Diskussion zwischen uns geführt. Doch seine letzten Worte an mich, als wir uns zum Abschied die Hände schüttelten, werde ich nie vergessen: »Wenn es einen Gott gibt, warum hat er es nicht so eingerichtet, daß wir *seine* Hand schütteln können?« Ich glaube, mit dieser Aussage brachte mein Freund ein universelles menschliches Verlangen oder Bedürfnis zum Ausdruck: unser Bedürfnis, Gott *in der Geschichte* zu begegnen. Der christliche Glaube besagt, daß Gott in Christus auf dieses Bedürfnis einging.

[20] Karl Barth, *Das Glaubensbekenntnis der Kirche* (Zürich: EVZ-Verlag, 1967), S. 49.

[21] Fjodor Dostojewski, *The Brothers Karamazov* (New York: Modern Library, 1950), Buch VI, Kap. III,i.

[22] Dietrich Bonhoeffer, *Ethik,* hg. von Eberhard Bethge (München: Chr. Kaiser Verlag, 1992), S. 52.

[23] Zitiert nach Dietrich Bonhoeffer, *The Cost of Discipleship* [Nachfolge] (New York: Macmillan Publishing Co., 1963), S. 277.

[24] Franz Kafka, »Ein Bericht für eine Akademie«, *Sämtliche Erzählungen,* hg. von Paul Raabe (Frankfurt/M.: Fischer, 1979), S. 150.

[25] Der Ausdruck stammt aus Dostojewskis »Großinquisitor« aus *Die Brüder Karamasow,* den viele für den größten Roman halten, der je geschrieben wurde, und der gewiß eine unvergleichliche Erklärung des echten christlichen Glaubens ist.

[26] Die beste Erörterung zu diesem Thema, die ich kenne, ist der ge-

samte Band IV/4 der *Kirchlichen Dogmatik* von Karl Barth, »Die Taufe als Fundament des christlichen Lebens«.

[27] Zitiert nach John Dillenberger und Claude Welch, *Protestant Christianity Interpreted Through Its Development* (New York: Charles Scribner's Sons, 1954), S. 56.

[28] Siehe William J. Wolfs exzellentes Buch über Lincoln, *Lincoln's Religion* (Philadelphia: Pilgrim Press, 1970), besonders S. 95 und 152.

[29] Zum Beispiel kann der amerikanische Historiker Herbert J. Muller auf die Ausbreitung der Demokratie im neunzehnten Jahrhundert verweisen: »Die [protestantischen] Grundprinzipien des Individualismus und des ›Protestes‹ gegen jede menschliche Autorität, die absolute Rechte beansprucht, waren natürlich dem Wachstum einer freien Gesellschaft zuträglicher; sie brachten immer wieder Abweichler, Nonkonformisten, Rebellen hervor. [Der Protestantismus] war tatsächlich, mit Ausnahme Frankreichs, die vorherrschende Religion in allen großen Ländern, die die deutlichsten Fortschritte in Richtung Demokratie machten ...« (*Religion and Freedom in the Modern World* [Chicago: The University of Chicago Press, 1963], S. 15).

[30] Sally Brown spielt in diesem Cartoon auf Prediger 12,2-6 an, die »Allegorie des Alters«. Denn der Prediger hatte ebenfalls wenig Hoffnung auf irgend etwas jenseits des Grabes. Sally hätte also genauso gut brüllen können: »Ein lebender Hund ist besser als ein toter Löwe!«

[31] Kafka, »Ein Bericht für eine Akademie«, a. a. O.

[32] Snoopys Zitat stammt aus Alexander Popes Gedicht »Eloisa to Abelard«.

[33] Bonhoeffer, *Ethik*, S. 53.

[34] Laurence Sterne, *A Sentimental Journey Through France and Italy,* hg. von Graham Petrie (New York: Penguin Books, 1967).

[35] Marcies Zitat stammt aus Thomas Grays Gedicht »Elegy in a Country Churchyard«.

[36] Dietrich Bonhoeffer, *No Rusty Swords,* hg. von Edwin H. Robertson und John Bowden (New York: Harper & Row, 1965), S. 143.

Ein weiteres Buch von Robert L. Short

Charlie Brown fragt nach Gott
Die Peanuts – oder:
Was unsere Welt zusammenhält

160 Seiten. 4. Auflage
ISBN 3-7655-1519-1

...zeigt nicht nur amüsant, sondern auch überzeugend die theologische Aussage der Peanuts.
Time Magazine

Dieses „erstaunlich theologische Buch" steht zu recht an der Spitze der Bestsellerliste.
Publishers Weekly

BRUNNEN VERLAG GIESSEN

Charles M. Schulz

Ob du's glaubst oder nicht, Charlie Brown

80 Seiten. 2. Auflage
ISBN 3-7655-1508-6

Die Peanuts diskutieren eifrig, was Sache ist mit Gott.

BRUNNEN VERLAG GIESSEN

Rob Portlock
Streng erbaulich
77 Cartoons gegen den Kirchenschlaf

80 Seiten. 2. Auflage
ISBN 3-7655-6380-3

Mit spitzer Feder und scharfer Zunge skizziert Rob
Portlock, was sich hinter den Kirchenmauern so alles
abspielt. Natürlich streng erbaulich...

Ganz unter uns
72 Cartoons über meine Mitchristen

80 Seiten
ISBN 3-7655-6382-X

BRUNNEN VERLAG GIESSEN

Mary Chambers
Unglaublich christlich
77 Cartoons

80 Seiten
ISBN 3-7655-6381-1

Mary Anna Chambers, als Cartoonistin für viele US-amerikanische
Zeitschriften und Zeitungen tätig, ist selbst „unglaublich christlich"
beeinflußt: Als Ehefrau, Tochter, Schwester und Schwiegertochter
eines Pastors fehlt ihr nur noch, daß eines ihrer vier Kinder einen
theologischen Beruf ergreift.
*(Eine Kostprobe ihrer Cartoons finden Sie auf der gegenüberliegenden
Seite)*

BRUNNEN VERLAG GIESSEN

„Und das hier ist unser *Platz der Wunder*! Neun von zehn Autofahrern, die hier parken, steigen – wundersam geheilt – völlig gesund aus ihrem Wagen...!"

Roy Mitchell

Gott ist...

Kleine Theologie für Katzen und andere Zeitgenossen

128 Seiten. 3. Auflage
ISBN 3-7655-1507-8

Gott ist... Band 2

Alles für die Katz... und andere Zeitgenossen

128 Seiten. 2. Auflage
ISBN 3-7655-1525-6

BRUNNEN VERLAG GIESSEN